U0121294

大展好書　好書大展
品嘗好書　冠群可期

大展好書　好書大展
品嘗好書　冠群可期

壽世養生 32

性能力活用秘法

米開・尼里 著
鐘文訓　編譯

品冠文化出版社

〔序言〕性能力隱藏著可怕的力量

〓性的力量可以產生七個大能〓

誠如著名的精神分析學家弗洛依德所說：「推究人一切行為的根底，都有性的存在。」人的性能力隱藏著深不可測的偉大力量。不管你是否已經意識到，實際上我們日常生活中所有的言行舉止，甚至思考方式，都是受「性」的支配。

足茲證明這一點的一個反面的例子就是—性犯罪的層出不窮。

一瞬間的衝動，那種爆發性的力量激烈的足以混亂人們對善惡的判斷力、對行為的控制力，而墮落、淪入罪惡的深淵。即使不致引起破壞性的行為，人們還是把「性」視為一種淫亂的象徵，自古以來牢不可破的禁忌。在這裡，我要澄清的一點是：「性」的衝擊力所以會產生負面的影響，是因為我們不懂得如何去操縱它。所以才會在日常生活中為了一點小事而一發不可收拾。

因此，如何巧妙的引導這個力量，好好活用它，使之昇華，是當前一個重要的課題

。如果能學得這個要領，那我們不但能從壞的性衝動解放，更可以獲致這個可怕又偉大的力量。

首先，舉出幾種因善用性能力而產生的效果，它會帶給我們下述的優點：

①腦細胞的活性化。

②充沛的精力和強健的身體。

③超能力的發展。

④自由出入異次元的交通工具；形成黃金般的靈體。

⑤徹底消除缺點，改變性格。

⑥創造力的發揮。

⑦真正的愛的開發。

能夠確實掌握性能力的昇華，就可以得到以上七種大能；當然也可變成「超人」。這是人人都可辦到的，你也不例外。

如前所述，性能力維繫著人的根底。如何有效的操縱這個力量，就是改變你整個人生的關鍵所在。

二性的力量是非常奧秘的二

很遺憾的，大部分人都不懂得這個道理，而輕易的浪費掉這個能力。性能力好比生命力；輕忽性能力就等於在不知不覺中消耗掉自己的生命力，實在太可惜了！

不過，這是因為對於使用性能力的方法，在漫長的人類歷史中，都被當作秘密中的秘密，奧義中的奧義，只有極少數的人有幸得知，才能參悟其中的奧秘。

因為性的力量是非常激烈的，如果沒有堅強的意志和清醒的意識來控制它的話，就會被它反賓為主，迫到毀滅之路，而萬劫不復了。

活用在好的方面，可以使人變成超人；相對的，應用在壞的方面，就會成為惡魔。一切端視個人如何昇華性能力。它不但會造成你截然不同的人生旅程，同時也可能因此影響別人的一生；所以，為了不使那些惡徒知道，才會成為千古以來的秘密。

我們都擁有可以成為超人的素質，如果能善用這個力量的話，那麼人類歷史就會徹底改觀。

自古以來，被人們視為聖賢或神祇而崇拜的，如：佛陀、耶穌基督，都是利用這個力量才登上如此崇高的地位。當然，如此輩大天才者，都是靠著自己的智慧和努力，才

打開了通往性的秘密之鑰。

那麼，我們一般的凡夫俗子是否可以達到一樣的境界呢？既然先人們已經為我們指示出一條路，只要找到這條路的入口，也就是性能力昇華的技巧被公開，那麼人人都可以毫無困難的往前邁進。

當然，並非可以一帆風順的達到神的境界。但，在行進的過程中，我們可以獲得超能力，使頭腦漸漸明晰、身體漸漸強壯，單是這一點，就可以開創出更美滿、更有樂趣的人生。

性能力昇華的方法很簡單，誰都可以做到；也有一套使它更有效的輔助方法。這些方法在本書中都會一一說明。除了性能力的昇華法以外，你可以選擇幾項對你本身較有助益的練習來實行。

最後再提醒各位，在這裡所要公開介紹的是古代先驅者以自己的生命為賭注，所探求的秘教性的練習。希望讀者們能體會出它的價值，懷著虔誠的心繼續讀下去。

目錄

序

第一章　性能力可以使人變成超人

第二章　何謂性能力的昇華

第三章　個人實行的性能力昇華秘法

第四章　夫妻二人的性能力昇華秘法

第五章　使用神聖文字努恩的練習

第六章　西藏式秘法——返老還童練習

第七章　抵抗肉眼看不到的敵人

第一章

性能力可以使人變成超人

〓性犯罪源於性能力的濫用〓

隱藏在性能力中的力量是非常龐大的。因此，人們才會對性感到苦惱，產生種種問題。性犯罪就是不懂得如何控制性衝動而任意發洩的結果。

性能力好比車子的引擎，不管車身如何完好，引擎的馬力不足的話，就無法發動。同樣的，不論引擎的性能如何優異，司機的技術不熟練的話，車子就會橫衝直撞，而闖下滔天大禍了。不但車毀人亡，也會牽連到無辜的人，即使不發生車禍，也會使社會更混亂、更無法居住。

但，如果能巧妙的駕駛，也可以由於車輛的發達，使我們的生活更進步了。

性能力就是如此，靠著操縱者的技術可以決定好壞。對性完全無知的話，就好像讓一個小孩拿著機關槍一般，會造成無可挽救的結果。如果對性熟知的話，人生就會充滿著希望，人類也會走上精神進化之路。

〓人的性活動除了生殖以外還有其他的目的〓

比起人來，動物的性活動要顯得單純多了。

例如：日本猴只在每年的秋季到冬季之間才有性行爲，其他的季節是不會交尾的。性賀爾蒙的分泌也是在這段期間達到高峯，也就是所謂的發情期。牠們性交的目的是爲了種族的繁衍，而且選擇在最適宜撫育後代的春季到初夏之間生產，眞是大自然偉大的安排。其他動物的發情期雖然有些差異，但大致上來說，都維持著規律的運行。

只有人類是沒有一定發情期的動物，隨時都可以發生性行爲，也隨時都可能懷孕；同時，性行爲本身並不只是爲了製造下一代，反而感情的成分佔了最主要的地位。還有一項更大的差異是，人類可以選擇墮胎的方式來決定孩子的誕生與否，這是其他的動物所無法做到的。

如上所述，人的性活動跟其他的動物在根本上有著截然不同的差異，所以認爲生殖是性的唯一目的這種想法是謬誤不當的。人的性活動應該包含著更多、更廣、更複雜的因素才是。

＝精力充沛的人可以成大事＝

因調查「魯魯特之泉的奇蹟」而聲名大噪的法國生理學家亞列濟斯・卡列魯，在暢銷書《人類——這個未知的動物》中，對性腺作了詳細的說明。

根據他的說法，性腺是可以增強人生理上的作用、智慧上的活動以及一切精神活動等的腺體。在日常生活中，我們常可看到一些毫無生氣、行屍走肉般的人，還有一些鬥志旺盛，充滿著

慾望不斷向人生挑戰的人，這二者之間的差異就是在性能力的利用上。

以這種觀點來探索歷史的陳跡，我們不難發現，那些在歷史上留名的人物，在他們成名的過程中往往伴隨著糾纏不清的許多風流韻事。氣蓋山河、幾乎統治全世界的大英雄如亞歷山大帝和拿破崙，尚且還擺脫不了女性的束縛；無數的藝術家和文學家更是陷入戀愛的輪廻中而不能超脫。其中又以德國的大文豪歌德為一典型的例子。

歌德從年輕開始就不斷傳出羅曼史，簡直和女性結了不解之緣。而且隨著年齡的增長，甚至比以前更頻繁。他到六五歲時，還使得當時年僅三〇的有夫之婦瑪麗安為他癡迷不已；更在七二高齡和十七歲的美麗少女烏魯麗特雙雙墜入情網。一個七二歲的老人仍然具備吸引十七歲少女的情人魅力，的確讓人感到驚異。

歌德不只是一個偉大的文學家，在科學界他也佔有一席之地。支撐他這種旺盛的創作慾望的就是以戀愛為糧食的性能力；同時因為他能巧妙的控制性能力，所以精力就源源而來，永不枯竭。

卡雷定說：「過度的戀愛會妨礙智能的活動。」又說：「為了發揮智能的極限，必須擁有充分發達的性腺，同時控制住突發性的性慾。」

歌德就是利用戀愛來刺激性能力，把它轉移到創作方面而不是徒然的消耗掉它。

實行性能力的昇華後，精力會增強好幾倍，因此對其處理方法就必須特別注意才行。

〓歇斯底里是性能力停滯所造成〓

歇斯底里是因爲性能力長期停滯體內、無處渲洩所造成的結果。

男性對積蓄在體內的性能力可以用射精的方式來消耗掉一大部分，殘留在體內的比例也較少；可是女性就不然。根據調查，因性行爲而達到高潮的女性只佔三〇%，其餘的女性雖然有性行爲也不能放出性能力。

長期貯積在體內的性能力掙扎著要向外排出，却苦無適當的管道，因此引發了歇斯底里症。大部分未婚的女性所以會有輕微的歇斯底里症或神經衰弱，也是受體內飽和狀態的性能力所影響。

平常可藉輕度的運動、旅行或擁有某種興趣來發洩性衝動。若是不按照這樣做而又沒有性行爲的話，性能力就會一直積蓄下來、停滯體內，使那個人呈現精神不穩定的狀態。

不管如何細小的事，一有不滿意，就會刺激性能力傾洩而出演變成歇斯底里的狀態，同時也會影響到日常生活的言行。跟這種人握手的話，你會發現他的手掌相當僵硬，這是停滯的性能力在作祟的緣故。

二轉換性能力的方法二

那麼，該如何解決性的問題呢？

你是否差一點就被它左右了呢？或是正在想辦法把它轉移到創作方面呢？也許是一直停留在飽和的狀態吧？是否嘗試利用自慰來保持均衡呢？這可能是大多數人所採用的方法。

希望你從今以後，利用練習來讓它昇華。也可以用下面的方法讓它轉移到別的地方去：

①到山上或草原等綠色植物較多的地方郊遊。

②作些適度的運動。

③欣賞繪畫或雕刻展覽，也可以嘗試自己創作或其他類似的活動。

④聆聽優美的古典音樂（爲了性能力的昇華，搖滾樂、爵士樂或流行音樂都不太適合）。

⑤到景色怡人的地方作深呼吸。

⑥幫助鄰居或病人等有急難的人，發揮人性的光輝。

⑦其他。純粹的內在感情或基於健康的種種活動，都可以刺激性能力的昇華。

這些方法早已爲大家所熟知而普遍的實行過，但却很少人知道它們與性能力的昇華有關，所以終究只是消極的作法，如此當然無法使人變成超人。

要使一個普通人具備超人的能力，必須要有意識的、全神貫注的實踐性能力的昇華；這就是人類性的秘密，也是跟其他動物截然不同的地方。

二古人早已知道性的秘密二

筆者剛才提過，這個性的秘密是絕對不會公開的，不過，我們的祖先卻是早已提過了，只是我們尚未覺悟，不能了解當中的涵義，以至於幾乎都忽略了它。足以證明這點的就是目前還分布在世界各地的古代遺跡上所雕刻的有關性的信仰。

例如：古埃及德貝城的神殿裡還收藏著一些神像的雕刻和壁畫，祂們手中所持的正是男性的陽具。這些神像是古王朝時代（紀元前三六〇〇年）最早祭祀的神，後來逐漸演變為阿門神，阿門的信仰後來同化為奧里西斯信仰。

同時，位於阿匹勒斯的施帝一世神殿也保存著手持男性陽具的奧里西斯雕像。奧里西斯就是冥界之王，擁有至高權力的神。

在埃及文字中，陽具所包含的意義是「連接時代與時代的環」。在這個壁畫中所描繪的是被敵人謀害的奧里西斯借助陽具的力量甦醒的神話；甦醒後的奧里西斯不再是以往那個隘居一地的小王，而是君臨陰間的冥界之王。

↑手持陽具的奧里西斯的版畫。奧里西斯被稱爲冥界之王；在神話中他是借助陽具的力量甦醒。

這個故事的啓示是：利用性的力量，可以把現實生活中渺小的自我脫胎換骨爲與宇宙衆神成爲一體的超人。

另外，在大英帝國博物館中也收藏著一尊特特涅斯三世的塑像。其頭部雕成陽具的形狀，額頭上描繪著向上盤旋的蛇身，蛇是性能力的象徵，上升的蛇正意味著性能力的昇華；所以特特涅斯三世就是爲了走向更高境界而實踐性能力昇華的古人。我們常可在法老王的額上發現這個上升的蛇樣也是這個緣故。

同時，性能力完全昇華後又可造成「黃金的靈體」，法老王們爲了證明這一點才都戴上了純金的面具。

〓馬雅亞斯底加遺跡中所保留的性信仰〓

馬雅亞斯底加文明的人們，對性懷有極端虔誠的信仰。

人們主要膜拜的對象是克加特耳神，祂的外形是長著翅膀的蛇，這跟性有很深的關連。不管古今中外，蛇都是性的化身；翅膀意味著上升而翺翔於天空的意思。也就是說，把上升的性能力本身當作神來崇拜。

不但如此，這裡還殘留著許多崇拜陽具的遺跡。在烏歇馬特神殿正門的廣場上矗立著一尊巨

大的陽具像，就像從大地長出來一般，突出地面朝向天空。在附近也發現了很多此類遺跡。

在馬勒卡叢林的一些寺院中，也遺留許多描繪著陽具的壁畫。而在匹耶柏最古老地區的寺院中，據說曾挑選了十四歲到廿一歲的年輕人，把他們聚集在院中傳授性能力昇華的秘法。

＝崇拜神聖陰莖的印度性信仰＝

將印度文明的歷史稱爲性信仰的歷史並不爲過。事實上，印度與性一直有着密切的關連。構成古代印度文化和宗敎的基因是夏克第信仰和濕婆信仰。夏克第蘊涵著宇宙的女性原理，也就是肯拉尼里。

肯拉尼里就是代表著繞在我們尾骶骨算起第四根的薦骨部分，睡眠中的蛇之意。由於性能力的昇華，使這蛇冉冉上升，而得到超能力；這也是使人變成所謂「性之火」或「神之火」的超人的原動力。

那麼，濕婆又象徵著什麼呢？那就是陽具。濕婆神是印度敎的本尊（中心的主神），所以人們等於是把陽具當做神來膜拜。

以神聖的陰莖來讓肯拉尼里上升而蛻變爲神，這就是印度信仰的涵義；也就是譚多拉。

譚多拉就是利用男女的性行爲昇華至神的境界，簡而言之就是性能力的昇華。

關於此點，最有力的證明就是著名的卡留拉呼寺院，其別名是「性的寺院」。在這座雄偉的寺院中，無論是內壁或外壁都排滿了男女交合的雕像。

從以上的敍述我們知道，古人曾以坦然虔誠的心情在神聖的寺院中膜拜過「性」，否則就不會把巨大的陽具置於寺院前，或在寺院的壁面描繪男女交合的圖像。古人因爲了解性的重要，所以才會在靈魂安息處的神殿祭拜性的象徵物。可是，隨著人們逐漸藐視性，性能力開始被浪費或使用在頹廢的方面時，人也開始墮落了。人們親手關閉了通往更高境界的大門。

〓鍊金術的目的在於形成黃金靈體〓

關於性能力的昇華還流傳著另一個秘密，那就是鍊金術。

如此說來，聰明的讀者可能已經領悟到，製造黃金的靈體就等於利用鍊金術來製造黃金一般，這種想法完全正確。

製造黃金的技術，也就是鍊金術，其中隱藏的意義是：把人的靈體變成黃金。事實上，使黃金的粉末如雨點般降下，在身體內製造黃金是可能的事，但不知道這個道理的人，只是一味的認爲所謂的鍊金術就是把非金屬品變成黃金，而去從事研究或實驗的話，都將鎩羽而歸。在描繪鍊金術的版畫中，出現很多男女裸體擁抱的原因也在此。

↑馬雅文明遺跡的寺院前所祭拜的陽具像。經過挑選的年輕人據說是在這裡接受性能力昇華的秘法（上）。　印度教的本尊濕婆神象徵陽具；巴魯第象徵著女陰（下）。

但是，很少人能洞悉這個道理，只有那些具有天才的智慧、堅定的心志、努力不懈的人，才能到達這個境地。

＝亞特蘭提斯（西方傳說中位於直布羅陀的大陸）的主宰赫米斯・特里斯吉斯特＝

鍊金術是把性的秘密形體化；最先把它傳授給人類的是赫米斯・特里斯吉斯特，祂就是傳說中出現在古埃及的半神半人的神秘人物。祂把所有的知識敎給埃及人，古埃及之所以會發展出如此高度的文明，就是源於赫米斯的指導。

赫米斯的眞正身分是亞特蘭提斯時代的主宰。

在地球運行的歷史中基本上可分七個時代，現代是屬於第五個時代；第三個時代是「夢之大陸」的時代；第四個時代就是亞特蘭提斯大陸的時代，赫米斯就是第四個時代的主宰。據說祂的降臨是爲了把智慧傳遞給下一代。

亞特蘭提斯的文明非常繁盛，曾經開發出許多偉大的科學技術，但就是因爲太過先進，以至於人們過份相信自己的力量，躭於享樂，所以才會走上頹廢之路。亞特蘭提斯時代崩潰的原因據說是由於黑魔法的過份擴展，擁有自己都無法控制的力量，種下滅亡的命運。

亞特蘭提斯大陸最後因地震而沈沒，僅存少數的生還者。這些人在旁人施行黑魔法以滿足自

己慾望的時候，却一點也不爲所惑，堅持精神進化之路，所以能夠歷大難而不死，擔負起智慧傳遞的重責大任；其中之一就是赫米斯。

可稱爲鍊金術的代表作的《綠寶石寫字版》就是赫米斯的作品。但它的內容至爲艱深奥秘，一般人大都不得其門而入，只有少數的智者能深悟其理而成爲偉大的鍊金術師，體會性的秘密，使自己提升到更高的境界。

＝發表「性的秘密」的沙馬耶魯・亞温・佩魯＝

第一個把性的秘密印製成書發表的是近代的鍊金術大師耶魯・亞温・佩魯。

有一段很長的時間，他一直在南美哥倫比亞的杉達馬露達山脈中，爲窮困的農民進行醫療工作，同時著手撰寫《完全的結合》、《性的鍊金術》、《神秘醫學索引》等七十多本著作。他在這些書中詳細的說明性的秘密，在《完全的結合》中，有著如下的敍述：

「人類必須加快學習性的脚步。即將來臨的阿克亞歷亞斯新時代是屬於性的時代；屆時，『性的鍊金術』將是這個新時代的科學結晶；『性的秘法』也將在新時代的大學裡正式公開的傳授。」

一九六二年二月四日，地球正式進入阿克亞歷亞斯時代，在這個被稱爲光的時代和直觀時代中，所有的秘密都會被公開出來，過去一直被視爲禁忌的性的秘密當然也不例外；在希望精神進

化的人們面前，揭開了性的神秘面紗。

沙馬耶魯・亞溫・佩魯不只公開了性的秘密，同時也指導人們如何活用和昇華性能力的具體又實用的科學技巧。在本書中所介紹的「論古代北歐民族所使用的練習」和「西藏的返老還童術」都是沙馬耶魯的著作。

〓第五個時代將近尾聲〓

性的秘密所以被公開在世人面前的理由還有其他，那就是我們所餘的時間有限。

我不必再強調諾斯特拉姆斯的預言，人類將在西元二〇〇〇年前後面臨滅亡的命運。這個說法在十年前就已經廣爲流傳，地球的第五個時代已近尾聲。

也許有人會在了解這個秘密之後運用到不正當的地方，但是現在已經沒有時間來考慮這種危險，我所能做到的，就是給每個人機會，憑個人的努力去達到超人的境界。

所謂的超人就是在序裡所提及的七個項目。各位朋友，如果你想更接近全能的神，掌握向高境界飛躍的機會，那麼，就從現在開始進行吧！

第二章

何謂性能力的昇華

〓利用性能力的昇華來開發預知能力〓

經由性能力的昇華，普通人也可變成超人，但這並不是一蹴可幾的。必須經過相當的過程，使能力甦醒後才開始進行。整個過程端視各人的能力、所賦予的使命以及置身的環境的不同而有所差別，但不管如何，都會以最有利於那人的型態來運轉。現在，我來舉出幾個實例吧！

本田誠（化名）今年十七歲，某高中二年級的學生，他對超能力或不可思議的現象都抱著很大的興趣，也覺得自己的預感能力頗強。

當他第一次接觸有關性能力昇華的秘密時，就告訴自己一定要試試看才行，於是主意一定就開始實行。

本田採取重點式的開發直觀力。因爲他一直認爲自己的預感力頗強，所以想使它更強化。他每天早晚都吟誦著刺激直觀力的咒語來實行性能力的昇華。

大約經過三個月後，神奇的效果就出現了。每當他在腦中想起某一久未連絡的朋友時，當天就會在街上不期然的相遇；思及遙居異地的親戚時，一回到家後就赫然發現那位親戚已端坐家中和父母閒談，諸如此類的例子眞是不勝枚舉。

考試是發揮預知能力效果的最佳時刻，當他在考試前一晚作衝刺時，就會對某個問題特別注

意，總會作一番詳細的練習。一旦試卷發下後，所有準備過的題目都赫然印在上面。

他表示，繼續練習後，思維好像愈來愈清晰、銳利，簡直能洞察一切的事物。以現在的眼光看以前的自己，就好像腦中有一層薄膜裹住一般，迷糊混沌。

本田君只經過三個月的練習，對於今後仍然興致勃勃，可是最重要的是如何活用這些預知能力；如果只是應用在猜題方面，只會對讀書漸漸懶惰、輕忽起來，應該再做更大、更廣的活用才好。這些要藉著不斷的自我觀察和練習，然後就會自然的心領神會了。

＝消除疲勞、增加創造力＝

森本靜香小姐（化名）今年二五歲，服務於某設計公司，擔任新潮畫刊的設計師。因爲她的感覺力很好，思考很細密，創作方向也很正確，所以不斷有客戶上門來。就因爲時間都排得滿滿的，以至於沒有時間來充實自己，這是她最大的苦惱。抽不出時間來閱讀書籍和磨練感性，思維難免會局限在同一型態無法突破，也不能構思出富有創意的設計來。目前雖然頗得心應手，但總有一天會出現危機。

因此，她開始利用每天晚上睡覺前和早晨起牀後，實行超視覺的開發和創造力開發的練習；有時也利用白天空閒的時間到公園去作練習。

約一個月後，某種神奇的變化在她身上發生，她不再有疲勞、倦怠感，即使睡眠時間不多也毫不在乎。同時，在構思企畫案時，靈感泉湧，使她完成一件件的嶄新作品。

至於超視覺方面的練習，約一個月後，她覺得好像可以看到人體外部裹住一層薄膜似的東西，她說「好像」可以看到是因爲還不能看得很清楚，必須視當時的情況而定。同時，我們可以利用這層薄膜來判斷一個人是否值得信賴？

二可以御覽神姿，喚醒前世的記憶二

在此，我要向各位讀者介紹一個有關這方面的實例：松本野里子（化名）是一位十九歲的大學生，她天生就具備超視覺能力。

松本小姐因爲天生異稟，所以實行起性能力昇華的效果也特別顯著。最值得一提的是，她常會看到神或天使；每當她到教堂或神殿等神聖的地方時，往往可以看到穿著純白長袍、長著一對翅膀的天使或鼓動著彩虹般絢爛雙翅的永生鳥。

最顯著的變化是，她常常夢到自己的前世。根據她的夢境，她前世分別曾出生在美國、土耳其、以及希臘；在夢中，她常追憶有關這三個前世的片斷，在這些片斷中有各種人物出現，而那些人物和自己的關係，她在夢中也都了解的很清楚，因此作者問她：

「身爲前世的美國人有自己的意識，同時，正在作夢著的松本小姐也有自己的意識；這樣一來，有二種不同的自己存在，你對這一點有些什麼樣的感覺呢？」

她回答說：「這當然是可以接受的，一點都沒有衝突。在作著夢的自己和夢中的自己已經融合爲一體，有著共同的感受。」

松本野里子尚未了解每一個前世的詳細歷程，也不知道彼此的關連，如果一次就讓她完全接觸的話，很可能會產生混亂，因此會有某種方法來避免這種情形發生，這就是自然的奧妙。

＝超能力是從「解決切身的問題、開發天賦的潛能」開始＝

讀了以上實例後，想必各位讀者會有一個共同的感覺。

那就是，所謂的超能力包括二個要素：第一，超能力必須與我們的生活密切配合；第二，超能力必須從個人最擅長的項目以及最迫切需要的能力方面率先開發。設計師松本小姐的不知疲乏、靈感不斷閃現就是最好的例子。

平常大家一聽到超能力，總覺得這是只有在電影上才能看到的神話，與我們的日常生活扯不上關係。實際上並不然，因爲它可以「解決切身的問題、開發天賦的潛能」。

有了這種認識後，再重新審視前面曾提過的七個項目，大家會意外的發現，以前我們一直認

爲遙不可及的科學神話，原來就在我們身邊等待我們去發覺它呢！

以下我就來逐項說明一下：

〓爲什麼腦細胞會被活性化〓

人類的腦細胞據說約有一五〇億個，但實際上被使用過的只有五％或六％，天才頂多也只佔10％的比例，其餘的腦細胞則保持在睡眠的狀態。

性能力昇華的實踐是把停留在性腺附近的性能力，沿著脊椎骨上昇到腦部。以光來刺激、充滿整個腦部，使停留在靜止狀態中的腦細胞活性化。

腦細胞活性化後，意識就會甦醒。所謂「意識甦醒」的涵義就是自覺到人生的意義；不過份拘泥於目前的環境，而擁有更寬廣的胸襟、視野來實踐上天所賦予自己的任務。

意識甦醒後的感覺誠如本田君所說，好像脫掉了裹住腦中的一層薄膜，而接近澄明的狀態。如果繼續做練習，思考會愈來愈清晰、透澈，聞一而知十，可以作正確而迅速的判斷。

〓爲什麼會有旺盛的精力和不知病痛的身體〓

關於這點跟我們以後要談到的超能力開發有著很深的關連。不過，要實現這些有一個最基本的條件是——不要把性賀爾蒙（性能力）輕易地向外放出，讓它回歸到體內來。簡單的說法就是：男性不要射精、女性不要達到高潮。在性能力的昇華上，把精力向外排出是一種浪費。

因爲性賀爾蒙蘊藏著非常大的力量，它是幫助我們成爲超人的「元素」。

回歸到體內後的賀爾蒙會供給內分泌腺必要的養份，而內分泌腺又是專司分泌各種賀爾蒙的腺體。所以強化這些腺體就等於擁有旺盛的精力和不知病痛的身體。賀爾蒙在人類身體中同時也具有戲劇性變化的能力。

例如：男女的性別早在娘胎內就已決定，而主宰這種變化的就是賀爾蒙。增加身高、把純稚的少女出落成娉婷的女人、讓青澀的少年變成成熟的男人、或去老返童、增快或減慢老化的速度等，都受賀爾蒙的控制。

蛹蛻變爲美麗的蝴蝶、蝌蚪長成形態完全不同的青蛙，這一切也是因爲賀爾蒙的作用所致。

從以上的敍述我們得到一個結論：賀爾蒙是促進動物飛躍性成長的關鍵；當然人類在向超人之路躍進時也不例外。

普通人要變成超人還有一個不可欠缺的要素，那就是「查克拉」的開發。所謂的「查克拉」就是古代瑜伽所強調的「湧出力量的泉」，也就是人類力量的泉源。但這個查克拉的部位恰好與內分泌腺分布的位置一致，這意味著：強化內分泌腺使賀爾蒙的分泌更形活潑，人的身體就可以

得到完全的變化。

要使查克拉開始活動就必須讓「肯拉尼里」這種能源先通過才行，這時賀爾蒙的成份和作用才會起變化。古人深懂這個道理，致力於開發查克拉這種可以脫胎換骨爲超人的要素，所以才能建立起種種驚人、輝煌的文明。而欲開發查克拉就不得不借助性能力，因此古代文明的遺跡中都很清楚地留著性信仰的陳迹。

因此，強健的身體、內分泌腺的強化和查克拉的開發這三者之間是並行不悖的，而最基本的就是性賀爾蒙。

＝爲什麼超能力可以開發＝

實踐性能力昇華可以開發出超視覺、超聽覺、預知能力、精神感應力等超能力來，而這一切都是由於查克拉的作用，但必須先讓肯拉尼里上升才行。查克拉如果沒有肯拉尼里這種性之火的引燃，就不能燃燒、煥發出威力來。

關於肯拉尼里筆者曾經在談到印度性信仰時略微提過，這是指盤旋在我們薦骨部位保持睡眠狀態的火之蛇。肯拉尼里上升就是使這條蛇甦醒過來，沿著脊椎骨上升到肉眼無法看見的氣道中。

肯拉尼里一邊上升一邊滲透到各查克拉中，刺激、作用後再出來，如此反覆的進行。一旦上

昇到頂端的查克拉時，所有的查克拉就會被開發，超能力也就跟著出現。

熱力是使肯拉尼里甦醒的要素；而要刺激它上升，就非得靠性能力不可。所以利用性能力的昇華在體內產生熱力，就是爲了喚醒肯拉尼里的緣故。因此，以夫妻二人共同來做的練習是最能發揮效力的。此外，肯拉尼里所需的熱力必須是性熱能的發散，因爲在人類擁有的熱能中，這是最強的一種，上帝爲了讓人類更接近完美的境界，才賦予我們這項能力。

〓利用性能力的昇華—窺異次元的世界〓

超能力，尤指超常感覺能力到底是什麼呢？那是普通的肉體所無法感覺、碰觸到的，屬於異次元肉體的能力；也就是說，進入異次元的世界。查克拉可說是通往異次元之路的方向牌。

那麼，這個查克拉到底屬於那裡呢？有一點可以確定的是，它並不屬於我們的肉體。

對靈異現象有興趣的讀者應該都知道，人除了凡俗肉體外，還存在著一個「幽體」（靈魂），所謂的「靈魂出竅」，指的就是幽體脫離了我們的身體。查克拉就是這個幽體的感覺器官。

所以，想要開發查克拉就必須感覺到幽體的存在，如此才比較容易進入異次元的空間。尤其是開發位於腦部頂端附近的松果腺的查克拉，幽體就可以自由自在的脫離肉體，有意識地到達更高次的領域。同時，在這段期間中所經歷的事，都會清楚的留在腦海裡。

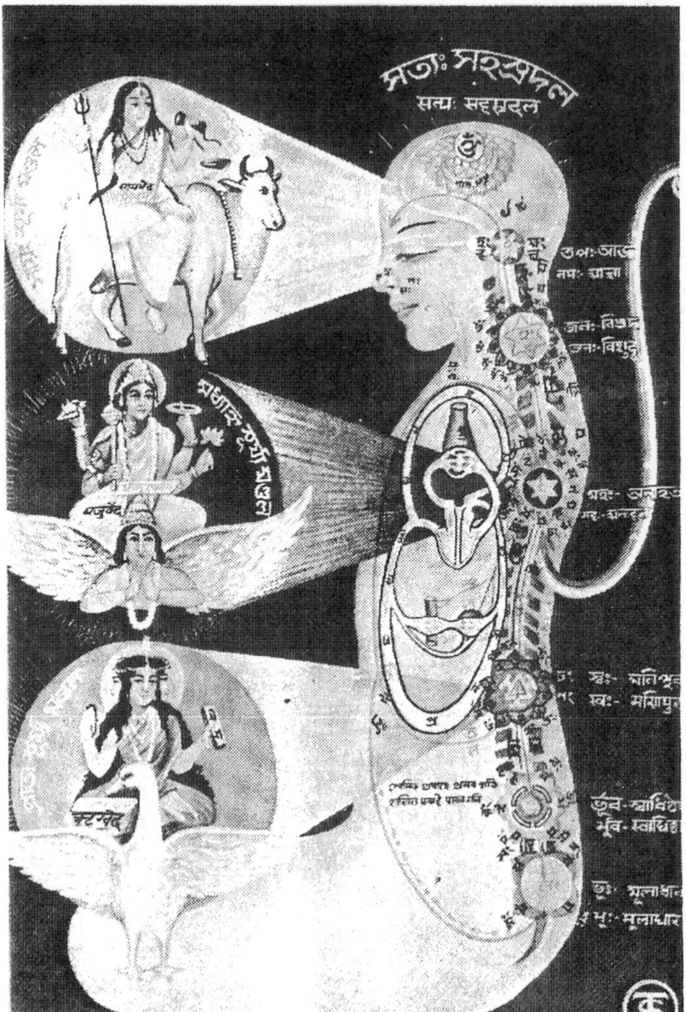

↑查克拉圖。利用性能力的熱量使肯拉尼里甦醒過來，這個火之蛇會一邊上升，一邊進入各查克拉中，不斷給與刺激，使它活性化。當它到達腦部頂端的查克拉時，所有的查克拉都會被開發出來，超能力也就隨之出現，查克拉無異爲開啓通往異次元世界之門的唯一鑰匙。

大部份人都有過幽體脫離的經驗，也曾經到異次元的世界一遊，但却很少人會詳細記得其中的種種。原因是，幽體脫離的現象通常是發生在夜晚無意識的狀態中，因此，人們把它解釋爲夢，而不去研究、探討。而在這種冥思經歷中，能夠依自己意志行事的人更是不多。

假如你已開發了查克拉或正在開發中，在幽體脫離時就不會這麼懵懂無知了。因爲意識已經甦醒，所以即使在異次元世界中（或在夢中）也知道自己在做什麼。

對於正在往超人之路前進的人來說，幽體的脫離擁有更重要的意義，尤其能不能進入更高次的世界中，對於成功與否有著決定性的作用。

自古以來，人們就認爲肯拉尼里的開發有很大的危險性，如果要修行，必須跟著優秀的集團練習才行。其實所謂的集團並不是指具體形象的人，而是高次的靈魂，只有接受高次靈魂的指導，才能更迅速、更安全的讓肯拉尼里甦醒過來。

究竟要如何才能與高次靈魂接觸呢？除了藉幽體的冥遊狀態外別無他法。看看高次靈魂崇高的姿容、直接聽聽他們的聲音、接受面對面的指導，因而自覺到自己還有尚未開發的、更高的價值。要做到這點，最主要的就是感覺到幽體的存在；只要確實進行練習，誰都可以輕易辦到的。

＝爲什麼可以擁有自由出入異次元的黃金靈體＝

為了讓各位對查克拉和肯拉尼里有基本上的了解，我們已經花費了太多的時間和篇幅。現在就讓我們進入下一個主題「黃金靈體」吧！

「黃金靈體」乃指由於性能力昇華，把靈體變成黃金的意思。它是出入異次元世界的交通工具，只要擁有它，在任何時候你都可以讓幽體脫離，自由自在的遨遊異次元世界的每個角落，跟那裡的居民——地精和火精交談；也可以閱讀有關地球肇始以來所有的紀錄，研究人類的歷史。

通常幽體脫離後的活動範圍只限於適合自己精神水準的地方，除非讓自己的心澄靜、虔誠，否則要到更高次的境地和那裡的靈魂交談是相當困難的。

因此，實踐性能力昇華不只可以使幽體脫離，同時也有擴大活動範圍的效果；如果能同時實行這二種練習，就更能顯出它們的意義了。

＝為什麼可以消除缺點、改變性格＝

所謂的缺點就是意味著自己的缺陷部分，如果以車來比喻人的話，那麼這就是一輛機能故障的車，即使有一具性能優異的引擎、一位技術卓越的駕駛者、一個加滿汽油的油箱，如果不設法把缺陷的地方找出來加以修理，還是會發生事故的。

相信你們都明白自己的缺點，也曾試圖去改變它們，但假如你的內心還埋藏著仇恨的種子，

又怎能開出眞愛的花朵來呢？如果你充滿了自大傲慢的念頭，如何能保持謙虛寬容的態度呢？光做掩飾性的表面功夫不能永遠欺瞞別人，總有一天會出現破綻的。要去除缺點就要從根本改善。

那麼，究竟要如何徹底根除這些缺陷呢？就是將昇華的性能力向著缺點排出，同時進行沈思和自我觀察，把它們一個個消滅。在這個練習的過程中，過去自己所隱藏的優點就會表現出來。

慢慢的，貪心的人會變得慷慨、容易發怒的人會變得溫和慈祥、神經質的人會變得穩重等，即使改變了一個缺點，我們也會變得更完美。常聽人說：「江山易改，本性難移。」那是因爲他們不了解性能力昇華的妙用。

你是否也有自己亟思改變的缺點呢？是否因爲這個缺點而讓你重蹈同樣的失敗呢？如果你認爲這是上天注定、人力無法挽回而宣布放棄的話，那未免言之過早。讀了這一節後，你應該下定決心，努力實踐性能力昇華，那時你就會了解——性的力量有多麼的偉大。

爲什麼可以開發創造力

實行性能力昇華後的創造力是十分驚人的；因爲開發了出入異次元世界的能力，所見、所思、所得當然比別人多而廣；靈活的頭腦又可以迅速的把這些資訊綜合起來，創造出一件件的作品來；也可以靠預知能力知道別人內心眞正的企求。這就是說：把前面所提過的五種能力活用在自

己的工作上，展現出豐富的創造力來。

在音樂、話劇、電影、繪畫、雕刻、科學等領域中工作的人，一樣可以發揮出這種驚人的創造力來。只要能巧妙的運用自己的感覺，無論從事何種職業，都將得心應手、游刃有餘。

〓為什麼可以開發出眞正的愛〓

一個人假如心中不存著對全體人類的愛而擁有無上權力的話，那麼他只會滿足自己的慾望，罔顧世人的福祉，造成人類的浩刼；但，那假如是一個心中充滿熱愛的人，那麼他將擴大他的愛，造福全人類，帶領大家到一個自由幸福的大同世界中。

本書所介紹的性能力昇華其偉大的地方在於，它很自然地把這個愛的查克拉沿著背骨上升，送達到腦的部位，再引領至心臟。心臟是靈魂的依歸；被靈體包住的靈魂恰好位於心臟的左心室。

當我們被某種崇高、激昂的感情征服時，會感覺到心胸充脹就是這個緣故。

被引領至心臟後的性能力會轉變成靈魂的養份，使靈魂的力量慢慢強化，昇華為犧牲奉獻、創造發明等種種行為。與其說它會促使人如此，倒不如說它使人不得不變成如此；透過這些行為，就能開發出眞正的愛。

位於心臟的查克拉主司直觀力的開發，把這個直觀力和愛連接在一起的話，那就是以充滿至

愛的心情直接探觸別人最大的需要。

只要能確實實踐以上七點能力的開發，誰都可以成爲超人，相信大家都明白這個道理。你何必再猶豫呢？

＝具有輔助效果的二個練習法和防禦法＝

這個性能力昇華秘法最特別的地方，在於它還附帶二個使它更有效的練習法和一個得免於惡魔攻擊的防禦法。

所謂的二個練習包括：一、古代北歐民族所使用的神聖文字的練習（第五章）；二、西藏的返老還童練習（第六章）。關於這二種練習我會在後面的實踐篇裡詳加說明，現在來做一下簡單的介紹。

神聖文字練習的主要目的是吸收太陽的能源，藉以增強肉體的力量。擁有強健的身體和精神就可以使性能力昇華的效果倍增。

西藏喇嘛寺院中所傳授的去老還童的練習是把大量的普拉拿（精力和生命力）吸進體內，流入各器官中，增加老化器官的活力使它年輕化。自覺身體情況不佳的讀者可以先行實踐這個練習，一邊調整步調，同時做性能力的昇華，在不知不覺中，就可以鍛錬出旣健康且精力旺盛的身體

來。

接下來就是在第七章才會提到的免於惡魔攻擊的防禦法。或許會有人懷疑它的價值，但確實做好這個練習是非常重要的。有不少人在邁向超人之路時，一到某種程度、階段，會誤入歧途，走向錯誤的方向，其原因就是缺乏這個防禦法的保護。

在我們肉眼無法窺探的異次元世界中，經常進行著慘烈的戰鬥，那就是白魔法和黑魔法之間永無休止的爭戰，也是光明與黑暗、善與惡的爭戰。在你開始步入超人之道時，你就擁有出入異次元的能力，所以不管喜歡與否，你都會被捲進這場混戰中。這時你就必須防範惡魔的詛咒、攻擊和誤導。

如果不事先做好防範措施、有所警惕的話，就會輕易地遭受惡魔的攻擊或陷入他們的陷阱中。也因爲他們是存在於我們肉眼看不到的異次元中，所以更須提防他們會在意想不到的地方偷襲，例如夢中、感情的動態、人際關係等所有可能發生在我們周圍的事件中。關於這一點我將在第三章的實踐篇中詳加說明。

由此可知，要達到超人的境界是需要付出代價的，或許你會感到痛苦，但是想想即將到來的喜悅，那將會彌補所有的苦痛，沒有任何事物可堪比擬。

筆者花了這麼多的筆墨來介紹性能力昇華，主要是基於一個理念：今生我們既然有幸生而爲人，就得努力使自己活得更好、更有價值，才不枉走這一遭。

第三章

個人實行的性能力昇華秘法

〓曼托拉、呼吸和想像力是關鍵所在〓

本章的內容主要是說明實行性能力昇華的具體技巧。在這些技巧中有三項重點：曼托拉（咒文）、呼吸以及想像力，如果能有效的活用此三點，就可使性能力迅速的上升。

〓吟誦曼托拉與高次的力量起共鳴〓

凡是從我們口中所發出來的聲音，都是一種振動；所以，每當我們說話時，那種振動都會產生幾何學上的變化，給予肉體和幽體某種有效的刺激。曼托拉就是爲了活用這個刺激，使它發揮最大的效果，而在高度的智慧之下，以文字和音節組合而成的。

當我們集中意識，有節奏的吟誦著曼托拉時，體內的精力就會復甦過來，使整個人充滿了朝氣。

曼托拉的作用很多，有的會喚起高次的靈魂，乞求他們的幫助而具有操縱自然界的力量；有的可以抵抗黑魔法的攻擊，保護自己的身體；有的是爲了開發超尋常感覺機能等。但這些作用都有一個共同點，那就是：曼托拉會在我們看不到的異次元世界中，與高次力量發生共鳴而活動。

曼托拉之所以會被稱爲「神聖之音」也是緣於此因。所以在吟誦曼托拉時，必須心靜意誠，千萬不可以開玩笑的口吻來褻瀆它。

原本發音和性能力就有很深的關係，這是在生理學上曾經被確認過的事，因爲它會影響性腺和位於喉嚨附近的甲狀腺，引起某些變化。

在實行性能力昇華時，曼托拉的功能就是使存在我們體內的那股精力淨化、洗練後昇華，有效的與高次的靈魂結合。

＝呼吸可以維持生命的躍動和提供營養＝

人類無時不在接受各種不同型態的能量和營養。固體和液體的物質——食物，是肉體的營養素；賀爾蒙的能量是內分泌腺和血液的營養素；受到外部的刺激而接收到的印象和感覺是精神的營養素。而提供這些各式各樣的要素以維持生命律動的就是「呼吸作用」。

人類可以一連七天毫不進食（只飲少量的水）而依然生存下來，卻無法持續五分鐘不呼吸而倖存。

呼吸氧吐出二氧化碳的呼吸作用除了可以促進血液循環、淨化血液外，還有使腦細胞活性化、神經系統更靈敏、促使體內電渦的流動等功能，好比一位工作忙碌的福音傳播者。

性能力昇華時所採取的呼吸法不只是吸收氧，同時也是吸收「氣」，使我們內在的生命活躍起來。

二利用想像力來集中精神二

第三個重點是想像力。想像力跟創造力有密切的關係，它與空想不同，而具有引導精神的作用。

精神是被動的，所以必須予以正確的引導，否則就會導致胡思亂想，甚至造成精神異常。但是如果能把全副精神貫注在某一點、或某件事上，就會滙集成一股偉大的力量，使你的夢想實現。朝正確的方向邁進會創造出偉大的事物來，相反的，誤導至壞的方向就會造成毀滅性的後果。目前坊間出版了許多教人如何成功的書籍，在這些書中所強調的一個共同點是——善用想像力。不論是何種創造，最初總是先在腦海中浮現出一個概念，再增加些想像力來強化這個概念，使它更具體化，最後才付諸行動；想像力愈強，創造出來的東西就愈有眞實性，這個原則也適用於性能力昇華的實踐上。

在實踐性能力昇華時，首先以想像力來定位出正確的方向，接著利用呼吸法和曼托拉（咒文）來產生推動力，朝超人之路前進。只有在這三項要點彼此有效的配合下，才能到達我們預期的目

的地。

以下我們就進入技巧的介紹方面，各練習所標示的時間是針對第一次演練者所設定的，初習者應該儘量配合，以免造成不必要的傷害。

待實行一段日子後，各方面都能習慣、適應時，再依自己身體的狀況來調整進度。同時也不一定要按著本書的練習順序來做，讀者可視各人的需要改變順序，重新組合出一套最適合自己的練習來。

再者，請各位讀者特別注意：這些練習是以七歲至結婚前（包括離婚和喪偶的獨身者）的人爲對象的。

＝練習一〈超視覺〈阿西那查克拉〉的開發〉＝

①背部挺直採取坐姿，坐法是正坐、盤膝、半盤膝坐都可以，坐在椅子上也無妨，只要能如（圖①）般保持背部的直立即可，爲使性能力順利上升，這點是非常重要的。

②同時爲了防止氣的分散，注意眼睛不可張開，集中全副精神想像以下的情景，更要使它們視覺化，就如同你親眼目睹般栩栩如生：

在脊椎骨下端，從尾骶骨上面算來第四根的薦骨附近會不斷地湧出一股生命之泉，在泉水之

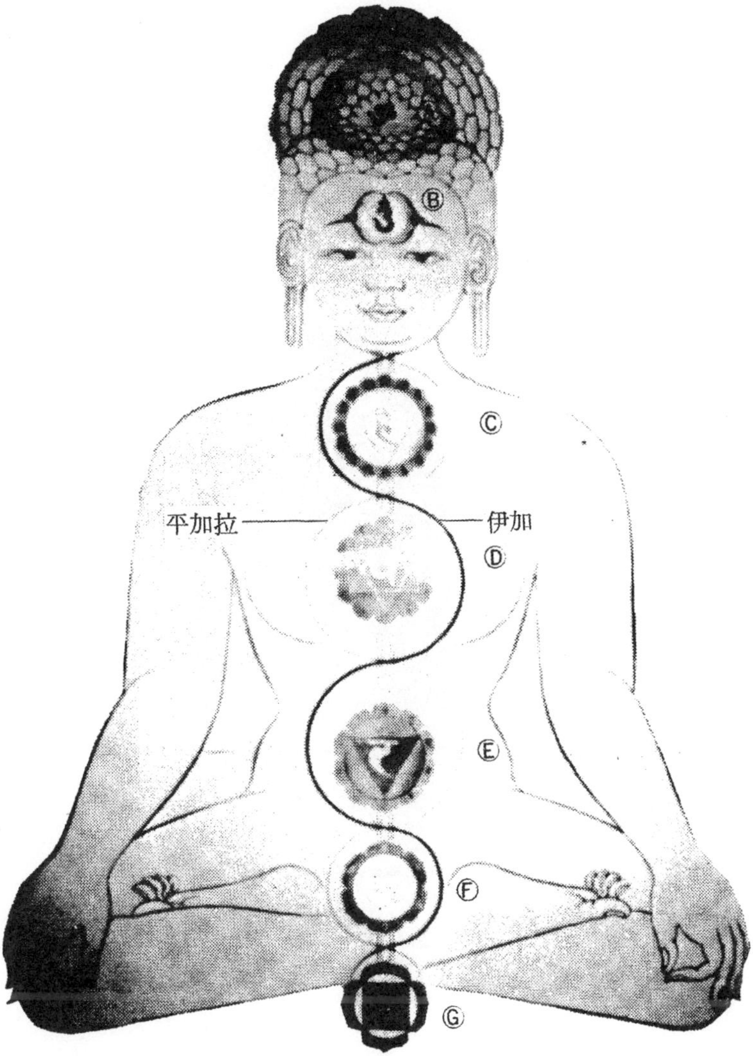

圖①　人體查克拉的位置與其象徵。性能力納入伊加和平加拉兩條路線後繼續上升。伊加象徵著女性賀爾蒙和月亮；平加拉則象徵男性賀爾蒙和太陽。

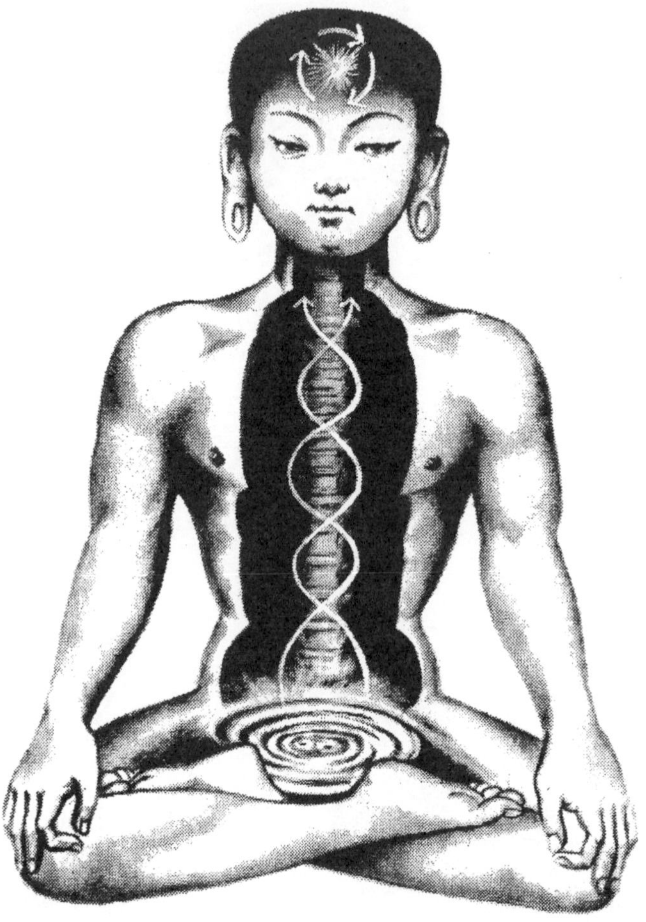

圖② 想像著從薦骨上昇的象徵性能力的那道純白的光線如同黃金蛇般扭動，或像一縷裊裊上升的輕煙。務必用心的、確實的想像其情景。

中會出現一道純白燦爛的光芒，這道光芒就是偉大的性能力，它納入了「伊加」和「平加拉」二條「拿第」後，就沿著脊椎骨上升。（圖②）

③一邊想像著那道光芒的冉冉上升，一邊慢慢的深呼吸，直到感覺到腹部、胸部以及肩膀的部位都充滿了空氣爲止。

④當這光的能力變成螺旋狀的上升至腦部時，立刻停止呼吸，想像著所有的腦細胞都被這個能力所充滿。

這時最重要的是要確切的知道自己所爲何事，而以堅定的意志來駕馭它，並不是讓意識漫然的飄遊，使自己陷入恍惚的狀態中；只要專心致力於此刻的一舉一動，因爲這個能力並不是機械性的活動，而是隨著你的意識而進行的。

⑤接著把意識集中在額頭中央、眉間的深處（腦下垂體位於此），這裡蘊藏著超視覺的查克拉，象徵我們的第三隻眼睛，從這個眼睛我們可以看到肉眼無法窺探的異次元世界。請參考圖①之Ⓑ。

⑥開發這個查克拉要利用想像力來使它向右（依順時鐘方向）快速的旋轉，如圖③的形狀。

⑦一邊依圖③來想像體內查克拉旋轉的情形，一邊慢慢吐氣，同時默誦以下的曼托拉（咒文）：

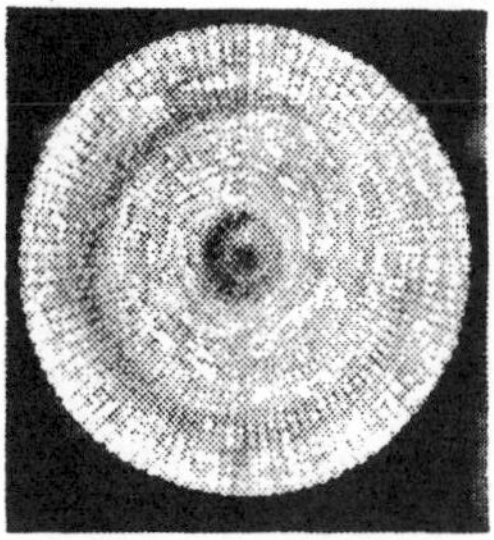

圖③　IIINNN
ㄧㄧㄣ

ㄧ——ㄣ（IIINNN）

這個曼托拉的振動會跟我們的意識起共鳴，使超視覺開始活動。

＝練習二（超聽覺〈維西拉查克拉〉的開發）＝

①與前項練習一樣，深深、慢慢的吸進空氣，讓光的能源從薦骨上升。但在這裡要注意，不要想像成白色的光，而代之以電光火石的燦亮或煙火燃放時的絢爛。

②當它到達頭部時，立刻停止呼吸，讓這些光充滿整個腦部。

③接著把意識從眉間移到喉嚨的甲狀腺上，集中精神想像著由紫色的光所圍成的渦輪（圖①之Ⓒ），一邊讓這個渦輪向右轉，一邊默誦著以下的曼托拉（圖④）：

ㄟ——ㄣ（EEENNN）

這個曼托拉的振動可以使我們體內的聽覺甦醒，開發出順風耳般的聽覺能力，或可以聽到異次元世界聲響的超聽覺。以第九交響曲而聞名於世的大音樂家貝多芬，雖然失去聽力，卻仍然可以創作出如此偉大的作品，就是這個超聽覺的功勞。

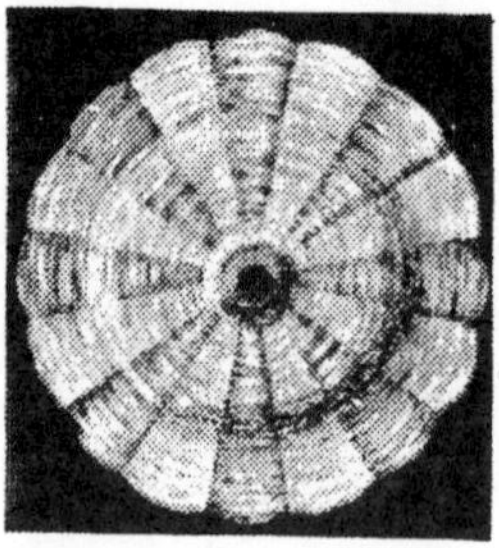

圖④　EEENNN
ㄟ—ㄣ

＝練習三〈直觀力〈阿那哈達查克拉〉的開發〉＝

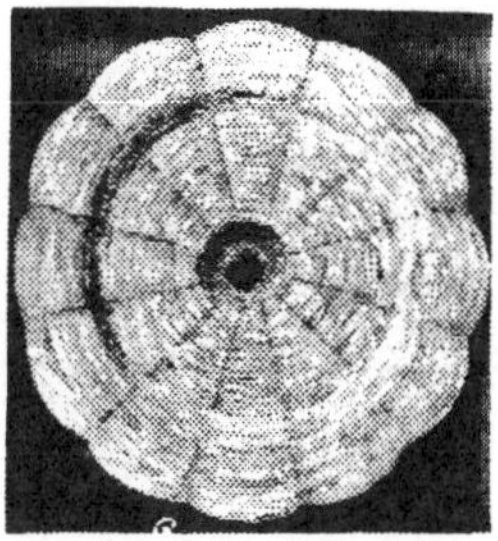

圖⑤　OOONNN
ㄛ—ㄣ

①注意不要讓背部彎曲，同樣地坐下來，雖說要儘量挺直，也不必太過緊張，使肌肉綳緊。應該讓肩膀的力量放鬆，保持舒適的姿勢，同時與前同，一邊吸氣一邊想像光在上升的情況。能不能「確實的想像」或把它「視覺化」是成功與否的關鍵。

②讓能力上升到頭部後，再以光來充滿著整個腦部，接著把那光儲放在心臟稍左的位置，因爲心臟的左心室是靈的鎮座之處。心臟的查克拉如血一般紅，象徵著表示純粹至愛的鮮紅色薔薇（圖①之Ⓓ），使這個查克拉一邊向右轉，一邊默誦著曼托拉（圖⑤）：

ㄛ——ㄣ（OOONNN）

開發這個查克拉具有特別的意義，因爲它是連接人體的三項要素：性——腦——心的緣故。

＝練習四〈精神感應力〈馬里匹拉查克拉〉的開發〉＝

圖⑥　UUNN
ㄨ—ㄣ

①重新調整呼吸，一邊慢慢的吸氣，一邊想像著光上升的狀態。

呼吸一次所持續時間的長短因各人肺活量大小的不同而有差別，不需要勉強支撐自己能力範圍外的時間，應以各人認爲最適合自己的頻律來進行呼吸。

②將能力上升到頭部，想像著自己整個腦都充滿了明亮的光，到這裡爲止的步驟，每個練習都相同，但必須特別注意不要心存雜念，將意識集中在此刻的練習中。

③接著把這光的能力自頭部往下移，經過胸腔逕行至位於肚臍附近的太陽神經叢上。這裡蘊藏著精神感應機能的查克拉，開發這個查克拉就可以擁有接收從遠方來的信息，也可由自身發出信息的能力（圖①之Ⓔ）。

④當查克拉開始迅速向右旋轉時，立刻默誦以下的曼托拉（圖⑥）：

ㄨ——ㄣ（UUNN）

這個曼托拉的振動不只對精神感應的開發有效，同時也可治療胃、腸等消化器官的疾病。

＝練習五（超記憶的開發）＝

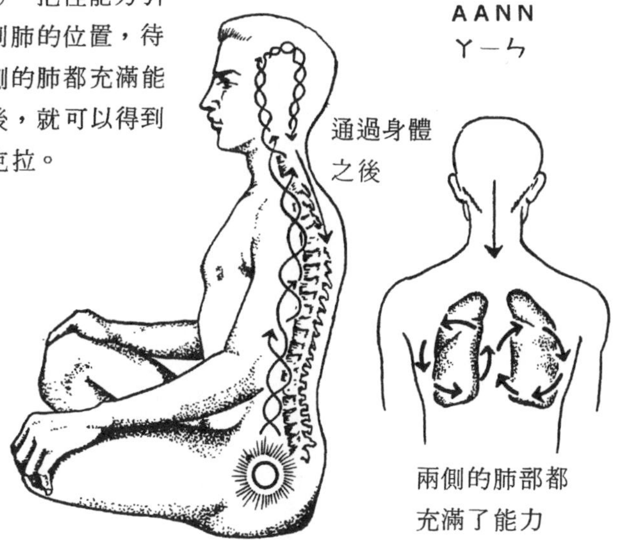
AANN
ㄚ一ㄣ
通過身體之後
兩側的肺部都充滿了能力

圖⑦　把性能力引導到肺的位置，待兩側的肺都充滿能力後，就可以得到查克拉。

①在這裡所說的記憶不只是今生的，也包括對前世的記憶。

首先的幾個步驟和前面所提的相同，一邊慢慢的吸氣，一邊讓光上升到頭部來，充滿了整個腦。

②接著讓這能力往下移，通過身體後，定著在肺的部位。

③將全部意識集中在肺的位置，一邊默誦著下一個曼托拉（圖⑦）：

ㄚ——ㄣ（AANN）

關於曼托拉我們在前面也提過，它是利用特定的聲音的頻律振動，和我們身體內的相對位置起共鳴。從這個曼托拉的試驗中就可以得到證實。

其方法是：在發音「ㄚ——ㄣ」時，將手掌按在背部肺的位置上，也就是相當於肩胛骨的附近，這時你可以感覺到只有肺部在振動，由於這個振動，可以促進那個部位的血液循環，增快新陳代謝

的作用。

＝練習六（以光來充滿全身）＝

①慢慢的吸氣，暫時不要讓光的能力上升，將意識集中在性器的部位，同時緊閉嘴部。然後從鼻子緩緩將氣排出，一邊發音曼托拉：

MMMMMMM

這個曼托拉的振動可以使賀爾蒙的性能力成分活動起來。

②然後再一次吸氣，一邊想像著黃金眼鏡蛇站立起來的情景，讓光輝的能力上升。

③感覺它在慢慢的上升。這個能力會供給全身的內分泌腺足夠的營養，強烈的想像光源充滿體中的景象。

④這段時間內，記住每次吐氣時都要默誦以下的曼托拉：

ム——（SSSSSSS）

這個曼托拉的發音類似響尾蛇搖晃尾部時的嘶聲。

⑤在腦海中描繪出這光呈螺旋狀上升的景象，待它上升到頭部時，就會感到全身已被光所充滿（圖⑧）。

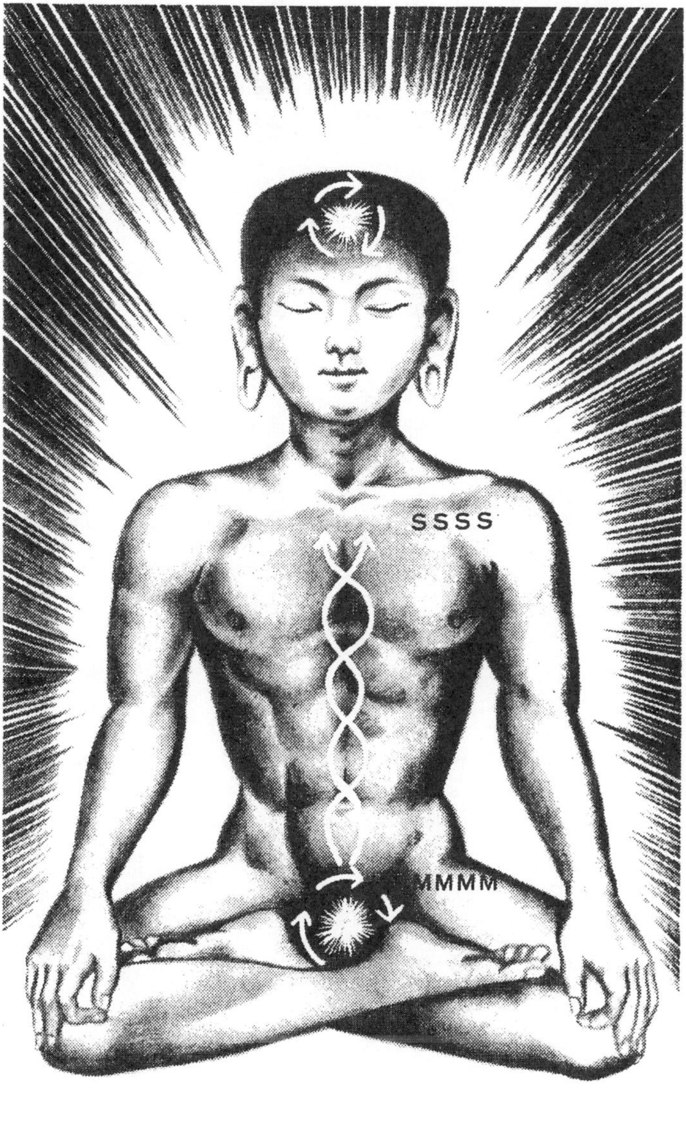

圖⑧　以光來充滿全身做爲練習的終結。

實行完以上所有過程後，就可以結束開發超常感覺的第一個週期。

練習時間是每天大約十五分鐘～三十分鐘，反覆幾次就可以。最重要的是經常使用想像力和意志力，集中意識來控制能力的方向，而不只是機械性的動作。再者，最好能夠把各種曼托拉（咒文）各發音三次，或改變順序，選擇自己最需要的超常能力，把全部時間、精力集中在那個練習上。

＝練習七（將能力指向創造力的開發）＝

在這個練習中所使用的曼托拉是「ㄏㄢ—ㄙㄚˋ」（HAM—SAH），這是在印度瑜伽中所使用的性能力昇華的曼托拉，但一般人都不知道這個秘密。

①首先使用盤膝或半盤膝的坐姿，如果有困難的話，正坐也可以。另外再準備一柱香，因爲它有穩定心情的功效。

②調整呼吸，將意識集中在卵巢或性腺的位置，然後儘量慢慢的、深深的吸氣，不要出聲（因爲在吸氣時無法發出聲音），同時在心裡默誦下面的曼托拉：

ㄏㄢ（HAM）

③與過去的練習相同，將沿著脊椎骨上升的性能力的情景視覺化。

圖⑨

停止呼吸，以光來充滿腦部，口中唱出「ㄙㄚˋ」，將能力下降到心臟。

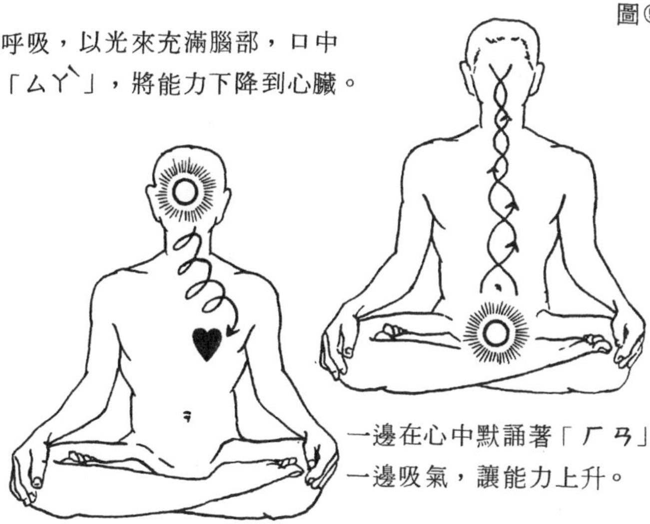

一邊在心中默誦著「ㄏㄢ」，一邊吸氣，讓能力上升。

④待性能力上升到頭部後，立刻停止呼吸二、三秒鐘，這時可感覺到整個腦部充滿了燦爛輝煌的黃金色的光。

⑤接著以跟吸氣時完全相反的又急又短、好像要打噴嚏似的感覺吐氣，同時一邊吟誦著以下的咒文，一邊把能力下降到心臟的位置：

ㄙㄚˋ（SAH）

⑥這個曼托拉的發音只是把空氣吐出來而已，能力完全都留在心臟。

⑦吐完氣後，立刻再次想著「ㄏㄢ」，一邊慢慢的吸氣，使性能力冉冉上升。停止呼吸後以光來充滿腦，然後用力、迅速的吐出「ㄙㄚˋ」。反覆幾次這一連串的動作，當作數個週期（圖⑨）。

⑧依照這幾個要領，在三分鐘內反覆做幾次。第一次實行的人最好不要超過三分鐘，因為勉強會使你的身體疲勞，反不能得其效果。

⑨實踐這個練習時，不久就會感覺到那股偉大的能力，吟誦曼托拉「ㄏㄢ」、「ㄙㄚˋ」三分鐘之後，就把眼睛閉上，看看自己能看到怎樣的景象或先靜靜地冥想。

練習八（以黃金來充滿靈體）

欲連續實行數個技巧時，每個練習之間最好有五分鐘左右的休息時間，這是爲了把呼吸頻律恢復到一般的節奏；如果不經過這項調整步驟，對我們的呼吸器官會造成程度不同的傷害（練習時間愈長者受創愈大）。

練習時可以站著，也可以採取輕鬆的坐姿，但不論如何，爲了便利於性能力的上升，應該保持背部的挺直。

①首先將意識集中在性器上，慢慢的吸氣，接著一邊吐氣，一邊吟誦著以下的曼托拉：

ㄎㄚㄣ ㄉㄧˋㄡˊ（KAN DIL）

這時候，「KAN」的發音要高又細，「DIL」要低又粗。

②接著再一次吸氣，然後一邊吐氣，一邊吟誦下一個曼托拉：

ㄅㄚㄣ ㄉㄧˋㄡˊ（BAN DIL）

這時候，「BAN」的發音要高又細，「DIL」要低又粗。

③立刻再吸氣，接著吟誦以下的曼托拉：

RRRRRRR

這個曼托拉的音必須捲舌，像馬達發動的聲音一般，同時音調須既高且細。

④在口中吟誦著曼托拉的同時，想像力也要開始活動，這是爲了使沿著脊椎骨上升的性能力視覺化的緣故。

⑤性能力上升到頭部後，再讓它通過松果腺，像黃金的水一般注滿整個靈體。務必在腦海中確實的想像、描繪這種情景。松果腺是靈體要進入異次元中，也是幽體脫離時，權充出入口的要

圖⑩

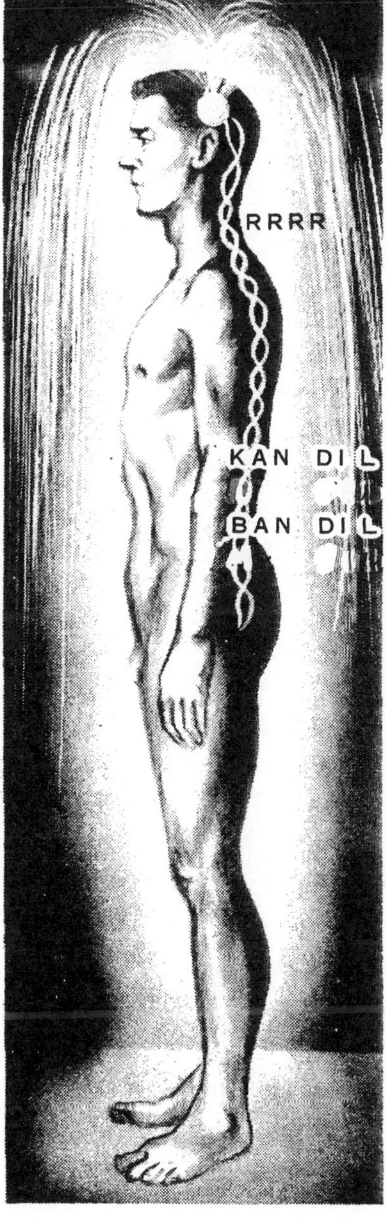

徑。（圖⑩）

⑥這個練習最多可以延續十五分鐘。

〓練習九（淨化腦部血液循環和神經線路）〓

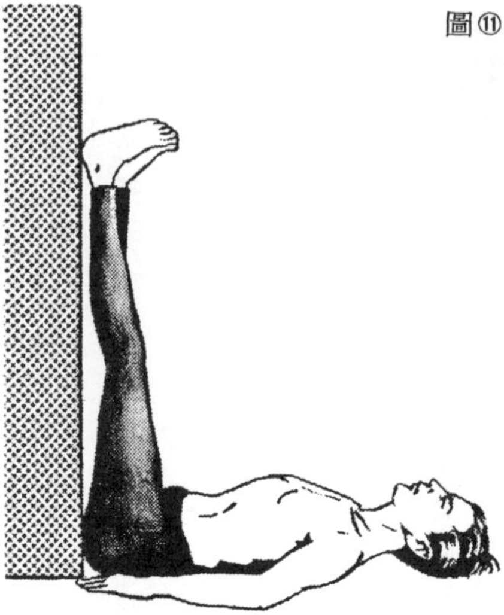

圖⑪

本練習有促進腦部血液循環、刺激腦部活動的功能，同時也可淨化七萬二千個神經線路。這些線路也是氣的通道，如果其中沒有太多阻塞，氣的活動就會更加順利，幽體也會更容易脫離。

①面向牆壁，在牆前仰臥。

②然後兩腳緊貼牆壁高舉，與地板保持直角。因爲腳是靠著牆壁，所以不會很困難（圖⑪）。

③保持姿勢，放鬆心情和身體。頭部、兩眼、口部、舌頭都不可用力，保持輕鬆，將意識集中在肩膀、手腕、手指等部位。這時，可以由自己決定這些部位的順序，經常按照這個順序來想像的話，效果會愈早出現。

④這個練習並不是要引起（發動）身體的行動，而是在輕鬆的狀態下，感覺到體內自由流動的能力和氣。以被動的心情去做就好，因爲這個姿勢本身也是被動的。腿部抬高後，你也許可以感覺到，由脚尖向頭部流動的能力，不斷流入靈體的出入口——松果腺的情況。

〓練習十〔埃及式的性能力昇華法〕〓

①面向東方盤膝而坐（正坐或半盤膝坐也可以），坐在椅子上也無所謂，只要切記將背部挺直，兩手自然垂放在大腿上（圖⑫）。曼托拉是：

ㄊㄨㄥˋ　ㄙㄚˋ　ㄏㄢ（TON SA HAM）

ㄊㄨㄥ　ㄌㄚˋ　ㄏㄢ（TON RA HAM）

男性和女性恰好相反，必須注意看清說明。

②閉上眼睛，開始調整呼吸，心中不要有雜念，然後將意識集中在薦骨的位置。

③向聖母祈禱請求指引正確的方向、幫助性能力昇華；就如同小孩乞求母親一般，只要是出自眞心的，任何禱文都可由自己決定。

④接著男性以右手的拇指壓著右邊的鼻孔，不須發出聲音來，在心中默誦著：

ㄊㄨㄥˋ（TON）

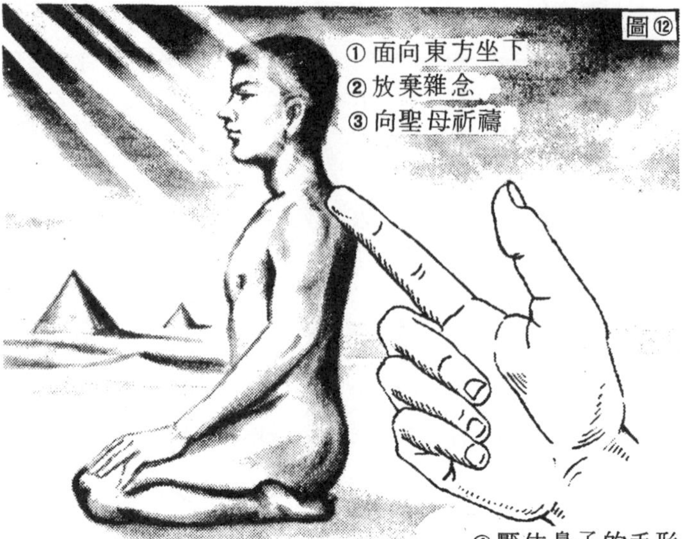
圖⑫
①面向東方坐下
②放棄雜念
③向聖母祈禱
④壓住鼻子的手形

然後慢慢吸氣。

⑤同時將性能力從右邊的睪丸移向薦骨，當然得利用我們在過去的練習中所學的想像力的技巧。

④′女性以右手的食指壓著左邊的鼻孔，不要發出聲音，在心中默誦著：

ㄊㄨㄥˊ（TON）

然後慢慢吸氣。

⑤′同時集中意識將性能力從左邊的卵巢移向仙骨。

⑥保持原來的姿勢，以右手的拇指和食指捏住兩個鼻孔，不須發出聲音，在心中默誦：

ㄙㄚˊ（SA）

⑦接著集中意識將性能力從薦骨上升到腦部。強烈的想像著又清又亮純白色的光、纖塵不染純白色的蛇，螺旋狀上升的情景。

⑧男性將右手的拇指放開，從右邊的鼻孔一邊

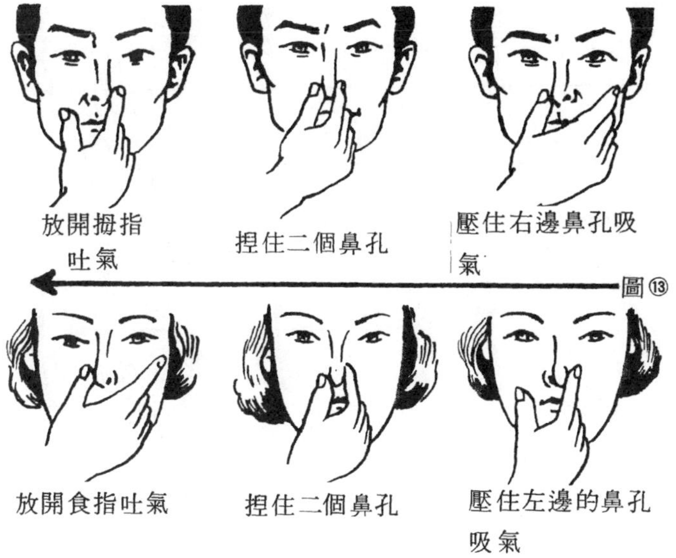
放開拇指吐氣
捏住二個鼻孔
壓住右邊鼻孔吸氣
圖⑬
放開食指吐氣
捏住二個鼻孔
壓住左邊的鼻孔吸氣

吐氣，一邊發音：

ㄏㄢ（HAM）

同時將性能力由腦向心臟移動。

⑧′女性將右手的食指放開，從左邊的鼻孔一邊吐氣，一邊發音：

ㄏㄢ（HAM）

同時將性能力由腦向心臟移動。（以上請參照圖⑬）

⑨然後男性以右手的食指壓住左邊的鼻孔，從右邊的鼻孔深深、慢慢的吸氣。

⑩ㄊㄨㄥˋ（TON）

一邊發出此音，一邊將性能力由左邊的睪丸移向仙骨的位置。

⑨′女性以右手的拇指壓住右邊的鼻孔，從左邊的鼻孔深深、慢慢的吸氣。

⑩′ㄊㄨㄥˋ（TON）

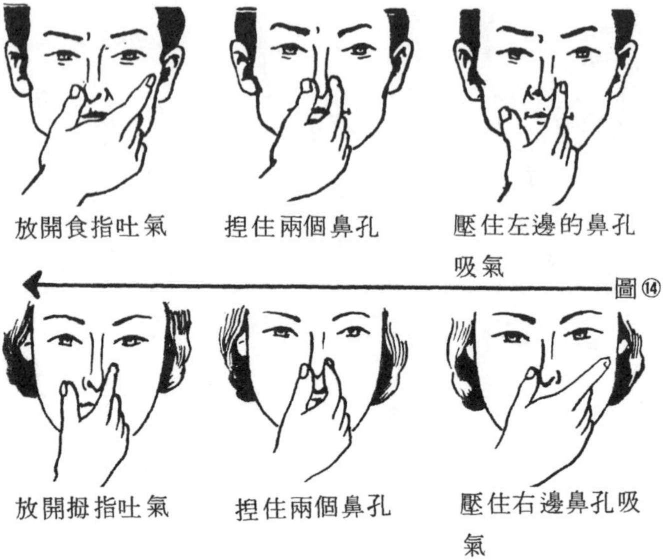
放開食指吐氣
捏住兩個鼻孔
壓住左邊的鼻孔吸氣
圖⑭
放開拇指吐氣
捏住兩個鼻孔
壓住右邊鼻孔吸氣

一邊發出此音，一邊將性能力由右邊的卵巢移向薦骨的位置。

⑪保持原來的姿勢，以右手的食指和拇指捏住兩個鼻孔，慢慢發音：

ㄌㄚˋ（RA）

同時將性能力由薦骨上升到腦部。

⑫最後男性要放開食指，從左邊的鼻孔一邊吐氣，一邊發音：

ㄏㄢ（HAM）

同時將性能力由腦向心臟移動。

⑫′女性放開拇指，從右邊的鼻孔一邊吐氣，一邊發音：

ㄏㄢ（HAM）

同時將性能力由腦向心臟移動。（以上請參照圖⑭）

⑬到這裡爲止當作一週期，早晚各實行六週期。

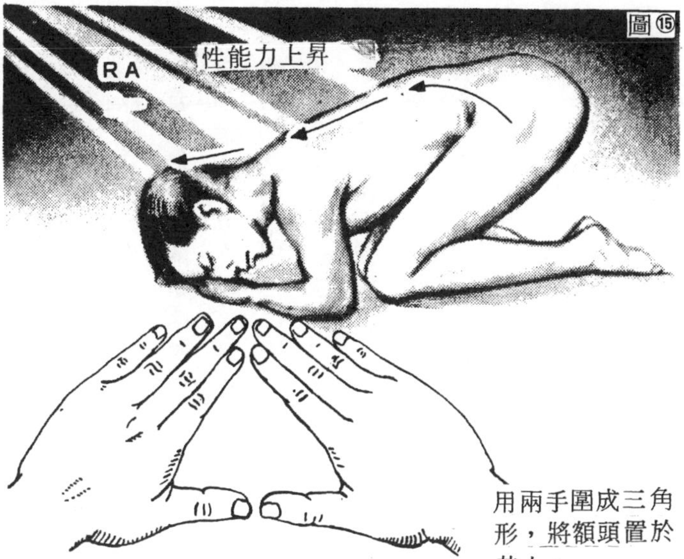

用兩手圍成三角形，將額頭置於其上。

⑭做完六個週期的練習後，面向東方，雙足跪地，用兩手的拇指和食指圍成一個三角形。

⑮接著將圍成的三角形放在地上，額頭置於三角形上（圖⑮）。

⑯將意識集中到聖母，連續吟誦七次曼托拉：ㄌㄚˊ（RA）

同時確實的想像性能力由薦骨移向頭部的景象。

⑰最後感謝聖母，這個練習就結束了。

＝對聖母祈禱＝

這個埃及式性能力昇華秘法的特徵是對「聖母」的祈禱。聖母在印度被稱為「蕾碧・肯拉尼里」；在埃及稱為「伊西絲」；對基督徒而言則是「瑪麗亞」。她是寄宿在我們體內的靈魂之母。

就如同生育我們的母親，靈魂之母是我們精神

上的保護者，當我們致力於精神上的成長和靈的進化時，聖母都會毫不吝惜的給予我們援助。

性能力昇華與靈的進化是並行的、相輔相成的，因此，如果希望使這個練習成功，聖母的援助是不可缺乏的。但是我們要如何請求她的協助呢？這就有賴於「祈禱」。

操作聯結神與人的性能力時，爲了不至變成單向通行，神與人之間的對話——祈禱是非常重要的。當我們眞心的祈禱時，從高次元來的聖靈會環繞在我們四周，以各種不同的形態，引導我們的練習進入成功之境。從未祈禱過的人也不必覺得難以啓口、羞赧，而以坦率的心情、從內心自然湧出的話語來對自己的靈魂之母傾訴。

現在介紹一個請求聖母幫助的祈禱法，這個方法需要營造出一種能讓自己心靈澄淨、眞摯虔誠的氣氛來，在這種氣氛中才能有效的進行祈禱。

①先準備一張小小的桌子或平台，最好放在東邊，上面放置著香、燭，爲了潔淨氣氛，可以先燃香；蠟燭一定要使用白色的，在實踐練習時，必須點燃蠟燭。如果有任何可以喚起有關佛陀、觀音、龍神以及基督等聖靈的想像的東西，都可以一併置於桌面（或平台上），這些東西對打開與高次元間的通路助力很大。同樣的，會阻礙我們想像的物品也絕不可放在眼前。

②一切要件準備妥當之後，就開始練習。首先屈膝跪在地，兩手在胸前交叉，這時注意右手一定要在左手上方，這個跪的動作意味著以所有的眞心誠意來祈禱，完全的歸於聖靈。

③接著低頭，將意識集中在心臟，口中唸著：

萬物都能得福

萬物都能幸運

萬物都能和平（以上各反覆三次）

然後再反覆誦三次：

ㄚ——ㄡ——ㄇㄨˇ

最後再重複三次吟誦著以下的禱文：

聖母呀！請你幫助我的性能力昇華，產生光和愛；在佛陀的名義下，使我幻化、成長。

如果你不慣用佛陀這個名稱，那麼以基督、天照大神或其他的衆神來取代也可以，只要你喜歡，也可以加上「神聖的法」這句話。祈禱時必須在這些神的冥意之下進行，這是爲了懇求神的參與，或神聖的法的介入，而這一切都有賴於祈禱文能夠有效的引介。

④祈禱完畢後，選擇一個（或數個）我們過去所介紹的練習中最適合自己的項目來實行。這種祈禱法和昇華法的相互配合可以產生單獨實行時無法發揮的大能。

⑤所有的練習都完畢後，將意識集中在心臟，衷心的向聖母表示感謝。

〓全體性的注意事項〓

介紹過性能力昇華法後，我再來說明一下全體性的注意事項。

首先，把所有的練習實行過一遍，把每個技巧的步驟詳細記在腦海裡，加以理解；同時選擇二、三項對自己最有用也最適合的項目，在每天晚上睡覺前練習。因爲這樣做就可以避免因夢遺或在夢中受到性誘惑所造成的性能力的消耗。最好早晨起牀後也實行一次，如此就可確保整天的穩定，即使有性的誘惑向你襲來，也可以立刻將它擊退。

就這樣在每天早晨起牀後和夜晚臨睡前各實行一次性能力昇華。如果尚有餘暇，在下午一點～五點這段時間內也可以再練習一次；還有一點要特別注意，飲食後至少必須經過二小時後才可做。

每次練習最多可實行三項，但不可連續做，一定要有五分鐘以上的間隔時間才可繼續下一個練習，讓呼吸的頻律恢復到一般的節奏。

爲了洗練性能力，讓它順利的上升，最好配合著多吃生蔬菜，儘量少吃豬肉，因爲豬肉會阻礙性賀爾蒙的分泌。優美的古典音樂有調和內分泌腺的功用，因此在做練習時，可以邊聽背景音樂BGM（back-ground music）。

當我們身體某部位受到刺激或在腦海中浮現出有關性的連想時，都會促使賀爾蒙的分泌；如果這些賀爾蒙一直貯積在腹部的話，就會產生烈火般的性慾，所以讓這些精力上升到上部後就可以得到很多優點，關於這一點以前我們已經說明過，相信大家都很了解。

促使成功的要素——心理

最後，我要提出一項促使性能力昇華成功的要素——「心理」。

大凡所有的人都是由魂、靈（心理）、肉體這三者構成的，靈就是指心理；它位於魂和肉體之間，担任這二者之間的溝通橋樑，統御我們的感情、維持我們內在的調和，如果沒有它的協調，人就會喪失理性，陷入危險的狀態中；相反的，假如心理沒有倦怠和壓力時，它就會發揮它的功能，我們的身體也會很健康。

在心理學上早已經被確認、證實過的學說：心理的狀況會導致某種物理上的結果。也就是說：我們的思想、感情會控制日常生活中的言語和行動。例如，每當我們思及有關色情的事，就會刺激性賀爾蒙的分泌，導致生理上的變化；這就證明了性能力受到心理因素的影響。

因此，爲了正確的實行性能力昇華，必須先做好心理的淨化。

假如不事先做好這個淨化的工作，只是下意識的規定能力行進的方向，它就會如脫韁的野馬般，奔向它喜歡的路，所以危險性很大，而且這條路徑幾乎與我們的缺點有直接關係，如此反而會助長我們的缺點，不但浪費了能力，而且把它用在壞的方面，這就是性能力可怕的地方。

沒有在心理上先做過自我省察，實行性能力昇華時就會有失敗的危險，這一點請大家千萬記

住。

自我省察就是經常監視自己心理上的變化，一旦有缺點出現，儘量努力消滅它；以下就這個內在的工作要點提出說明。

〓內在工作的方法〓

①下定決心把我們心中的仇恨、嫉妒、驕傲、動物性的慾望、憎惡、虛榮等缺點徹底消滅；為了與這些內在的敵人戰鬥，要勇敢的站出來，一旦有邪念湧出，務必在它們尚未完全盤據我們的精神之前，把它們驅逐出去。

②為了不供給敵人（心理上的缺點）營養，使它日益坐大，應該選擇優良的書籍、電影或電視節目，避免觀看色情的刊物或暴力性的節目。

③在實行性能力昇華以及其他淨化靈的練習時，儘量保持健康、純淨的思慮。

④如果敵人威力太強，不斷擾亂我們心思，利用昇華後的性能力和聖母的幫助，把他們擊退，要如何做呢？那就是把缺點當成怪物，同時想像黃金的眼鏡蛇跟這些怪物作戰，同時把它們吞噬的情景。

重複這個方法，就可以使敵人衰弱下來，一一予以消滅。

⑤在日常生活中不管任何時候都不要忘記省察自己的心理，因爲心中所思所想一定會反映在外在的言行上。要深深的烙印在腦海中：壞的想法——壞的結果；好的想法——好的結果。同時不只是心理，對言行舉止也要特別注意。

⑥絕對禁止婚前的性行爲，因爲它會戕害當事人的身、心。婚後也有夫妻二人共同實行的性能力昇華法（請參照下一章），如果能和內在工作的練習同時進行，就更能加速我們邁向超人之路的步伐。

第四章

夫妻二人的性能力昇華秘法

＝夫妻的昇華法必須有高度的歡愉＝

本章所要介紹的是男女互相協力進行的性能力昇華法，在實踐中如能巧妙的進行，其效果會比一個人實行的更好，但失敗的危險相對的也提高了。個人單獨實行的昇華法不會消耗性能力，夫妻共同實行的昇華法也必須從不消耗性能力的練習做起。

夫妻之間可以有性行爲，但，男性不可以射精、女性不可以達到高潮，因爲如果不如此的話，會把性能力向外排出。

認爲「男女的性交就等於射精」的人，可能不會贊成我提出的建議，他們也許會覺得「與其作這種無味的性行爲，不如和過去一般，即使會消耗性能力也無所謂，只要能得到快感就好」。其實這種想法未免太天眞了，因爲這個超越動物性的性行爲所帶來的歡愉，有言語難以形容的偉大的地方。

人類透過使生命形成、神秘的性的力量而希望蛻變爲神靈，因此當我們把意識集中在這個有著神聖的性行爲上時，當然會有超乎尋常的、偉大的樂趣，這一點是可以理解的。

可是並不是任何一對夫妻都可以得到這種至高的歡愉，必須具備有成爲夫妻的條件，以下我們試舉出幾項來給讀者們作參考。

〓夫妻的條件〓

①衷心的愛著對方、至死不渝。
②那個愛不是用奪取的，而是不求回報、毫不吝惜的給予。
③雙方在思想、感情、意志一致。
④彼此坦誠、沒有算計。
⑤愛和情慾不可攪混。
⑥發誓生生世世長相廝守。

培奧拉曾經說過，能夠滿足以上各項條件的夫妻在實行性能力昇華時，會發生以下的狀況：

①夫妻彼此在各方面都能結合在一起，到達那至高的歡愉時，兩個人就會變成像萬物的創造者「神」一樣，擁有「雙性一身」的特質。如果是超視覺者，可以看見雙方的四周環繞著神聖的、黃金般的光輝。

②隨著性行為時間的拉長，雙方都會感受到一種被甜美的愛撫所征服的歡愉，也會感覺到精神上至高的官能顫動；這時，夫妻二人會吸收到宇宙的電氣和磁氣，這股強烈的宇宙力量會積存在他們靈體的深處，查克拉也開始甦醒發光，在體內運行不息。

③如燃燒一般熱烈的接吻和愛撫通過了宇宙的奧拉（極光）就變化成感性的、高昂的、不可思議的音調，同時火之蛇也會被震撼。

④夫妻共同實行的性能力昇華可以把宇宙所有流動的能源和神聖的力量保存起來，這時肯拉尼里就會甦醒過來，把我們變成具有神能的人。

總括以上各點，夫妻二人實行性能力昇華法，應設法避免提早射精、達到高潮而草草結束；儘量長時間的進行，隨著歡愉感的逐漸昇高，就可以吸收宇宙的能源，同時刺激肯拉尼里的復甦，開發出查克拉。

在這個昇華法裡有各種各樣的曼托拉（咒文），但並沒有硬性規定那一個練習一定要配合吟誦某個曼托拉才行，讀者們只要選擇適合自己的曼托拉就可以。

這時可以感覺到肯拉尼里的上升，循序開發出各查克拉來，每個人需要超能力的迫切程度或許會有所不同，應該按照自己的情況，調整開發查克拉的順序，如此才能收到最大的功效。順便提醒各位，二人共同實行的性能力昇華比一個人單獨實行時速度更快，效果更佳。

話雖如此，二人失敗的危險性也因此提高不少，因爲假若二人彼此相輔相佐，共同爬升至最高境界，當然花費的時間和精力要比一個人少；如若二人意志不堅，隨著力量的增加，很容易被邪惡的黑魔法師所控制，而把對方拉扯入罪惡的地獄中，因此必須特別注意。

以下就實際練習的技巧部分，依序說明一下。

↑卡留拉呼寺院的牆壁外垣充滿著一尊尊男女交合的雕像，這個交合像正顯示出性的各階段，它說明了以性爲界，人可以蛻變爲神也可以淪爲禽獸。

↑在譚多拉中所表示的半盤坐的體位。印度的瑜伽實行者也曾利用這種體位來進行性能力昇華，在幾個小時之間一直保持著歡愉的狀態。

二實踐的方法二

〔體位〕

採取男女面對面的方式最好。

在我們身體中有幾個部位的磁氣特別強，依次是：眼、口、腋下、胸部以及生殖器。只要能遵循讓這些部位彼此接觸的原則，在進行昇華法時，不論男性在上或女性在上的體位均無妨。

如在譚多拉（性能力昇華）的圖中可看到一樣，男性採半盤坐的坐姿，女性一脚在地，一脚跨附在男性的身上，這種體位可以有效的避免射精。

〔接觸〕

男女的身體接近時會產生熱，這股熱不僅是肉體上的需求所引發的慾熱，同時也是由崇高的愛情所激發的電光火石般的情熱。它擔負著刺激性賀爾蒙的重要任務，也是使肯拉尼里復甦的不可缺少的因素。

若要釋放出大量的「熱」，必須有感情的交流，也就是彼此間眞摯、熱切的愛；以這個愛爲基礎，可以使彼此的感覺更敏銳，以熱來充滿著全身。尤其女性的感受性比較強，反應也就更加高昂，在行爲中集中意志可以增加威力。

動作要儘量柔軟的、溫存的、柔和的進行，太激烈、快速的動作容易引起動物性的肉慾，所以要控制得當。對對方的愛慕也須以不斷的、纏綿的愛撫來表現，把性交的衝動抑制住。

熱烈的接吻、溫存的愛撫等行為不間斷的繼續下去，這時不必拘泥於上述的體位，但也絕不容許有頹廢的舉措。何謂頹廢的舉措呢？我只要特別強調一點，那就是：不能對性器接吻。這是黑魔法最喜歡的方法，足以使人們的意識陷入一種睡眠的狀態。

在行為中忽然變成恍惚的狀態時，過去積存在腦海中有關性的印象一一的浮現，這時如果不能以清醒的意識好好的控制它，雖然肉體上是跟自己的太太（或先生）在做性行為，心中却模糊的以為是跟印象中別的女人（或男人）在進行交合。

如果發生這種情形，不管你怎樣努力，也不能使性能力上升，這是因為在開發肉眼看不見的能力時，還是會受到另一種肉眼看不見的感情（心理）因素所影響。

〔結合處〕

男女交合的地方只限於兩方的性器，除此以外其他部位的交合往往是造成性病的根源。

〔在水中的性行為〕

在水中進行性行為容易罹患性無能或痲痹，這是因為「水」的磁性非常大，足以妨害性能力的昇華。務必不要把它當作遊戲的場所來進行性能力昇華。

〔消耗性能力時〕

男性消耗性能力，也就是射精後，性能力就不會再上昇，這時應該馬上結束練習，即使女性尚未達到高潮，也無法繼續下去，因爲此種昇華法必須藉著二人的充分合作才有成功的希望。

記住在感覺自己快要射精時，就要立刻停止動作。剛開始時可能有些人會失敗，有些人會因爲將全副精神都集中在停止射精上以致性能力無法上升，但隨著練習次數的增多而熟練後，就能成功的停止行爲，暫閉呼吸、捏著鼻孔，效果會倍增。另外，縮緊肛門的括約肌也會有所幫助。

女性達到高潮後，即使男性尚未射精也是同樣的道理；在高潮的瞬間，女性身體上的機能會產生一種暫時性的休止狀態，一般人稱之爲「假死狀態」。這時候性能力已經不會再上升，必須停止練習。與男性相同，女性也可以利用停止呼吸等方法來防止達到高潮。

〔**呼吸法**〕

呼吸法在個人單獨實行的昇華法中，佔著相當重要的地位，在夫妻二人共同實行時亦然。且大部分都要配合著曼托拉來做才能發揮其效力。呼吸的原則是儘量深深的、慢慢的進行。

同時，在吟誦曼托拉時，男女的呼吸要恰好相反，男性在吐氣時，女性要吸氣；女性在吐氣時，男性要吸氣；如此磁性的陰、陽兩能力才會相交。男性在吐氣時，女性可以得到精力；反之亦然。

吸氣時，將性能力從薦骨沿著脊椎骨上升，送到腦和心臟。這時呼吸要配合曼托拉進行，不管是一個人單獨實行或夫妻二人共同實行都相同。

〔**曼托拉**〕

幫助性能力昇華、使它變成心臟和腦的養份、開發查克拉等，這就是曼托拉的功用。

發音的方法如前面的呼吸法一樣，男性在發音時，女性要吸氣，接著女性在發音時，男性要吸氣，如此反覆。在吟誦曼托拉時，能力會通過施修穆拉、伊加、平加拉等三條路線上升，確實的想像著它被送到腦和心臟的情景。

如果僅選擇一種曼托拉來發音也可以，或配合幾個來練習也無妨，但若一直吟誦同樣的音調，恐怕會變成機械性，最好還是各種都能配合起來比較好。

●**曼托拉**＜一——ㄚ——ㄛ——（IAO）＞

男性　一——（女性要吸氣）

女性　一——（男性要吸氣）

男性　ㄚ——（以下同）

女性　ㄚ——

男性　ㄛ——

女性　ㄛ——

如此反覆，吟誦幾次都無所謂，但要切記排除雜念，才可繼續進行練習。倘若在吟誦時，心中恰巧想起自己所遭遇的困難時，它會因爲性能力的增強而更加困擾你，所以意識集中是非常重

要的。

●曼托拉〈ㄉㄧˋㄙˋ　ㄉㄚˋ　ㄙˋ　ㄉㄛˋㄙˋ（DIS DAS DOS）〉

男性　ㄉㄧˋ——ㄙˋ——（女性要吸氣）

女性　ㄉㄧˋ——ㄙˋ——（男性要吸氣）

男性　ㄉㄚˋ——ㄙˋ——（以下同）

女性　ㄉㄚˋ——ㄙˋ——

男性　ㄉㄛˋ——ㄙˋ——

女性　ㄉㄛˋ——ㄙˋ——

在吟誦「ㄙˋ」（S）的音時，要確實地想像著性能力從薦骨上升的景象，因爲它對於促使性能力上升特別有效，因此在聲音拉長的同時，也許你會感覺到的確有一股能力正沿著你的脊椎骨上升。

●曼托拉〈ㄉㄧˋ　ㄨㄥ　ㄧˋㄙ　ㄧˋㄛ（DI ON IS IO）〉

男性　ㄉㄧˋ———（女性要吸氣）

女性　ㄉㄧˋ———（男性要吸氣）

男性　ㄨ——ㄥ——（以下同）

女性　ㄨ——ㄥ——

男性ㄧˋ——ㄙˋ——
女性ㄧˋ——ㄙˋ——
男性ㄧˋ——ㄛ——
女性ㄧˋ——ㄛ——

這是在希臘秘儀中所實踐的曼托拉。

●曼托拉〈ㄧㄚˋㄇㄨˋ　ㄓㄨㄚˋㄇㄨˋ　ㄏㄨˋㄇㄨˋ（YAM DRAM HUM）〉

男性ㄧㄚˋ——ㄇㄨˋ——（女性要吸氣）
女性ㄧㄚˋ——ㄇㄨˋ——（男性要吸氣）
男性ㄓㄨㄚˋ——ㄇㄨˋ——（以下同）
女性ㄓㄨㄚˋ——ㄇㄨˋ——
男性ㄏㄨˋ——ㄇㄨˋ——
女性ㄏㄨˋ——ㄇㄨˋ——

這是西藏式的曼托拉；在吟哦這些曼托拉時，絕不能以機械性的音調反覆進行，而要集中意志，與和諧的宇宙天籟起共鳴。

〈寢室的氣氛〉

明亮度——室內不可太暗，積存在咒文中的印象會在黑暗的地方消失無蹤，不過也不需要太

亮，那未免有失情調。最好只留一支臘燭或一盞枱燈，保持寢室內羅曼蒂克、朦朧的微量光線即可。

香——散發出高尚清香的上等香可以清淨室內的氣氛，有振作精神的作用，最大的特點是它擁有淨化靈體的效能。不過一定要用植物性的才好，動物性或礦物性的成品則不佳。焚香不止限於性能力昇華時使用，平時若能養成習慣，則有百利而無一害。

音樂——讓高格調的古典音樂或動人的BGM（背景音樂）的優美旋律輕瀉，迴盪在整個臥室中，可以消除官能性的衝動，對愛的滋潤也有助益。

其他——夫妻二人認眞的研究一下如何提高羅曼蒂克又神聖的氣氛的方法，隨時都可改變行爲的方式。

〔**對自我的攻擊**〕

上升中或昇華後的性能力必須向著自我轉向才行，所謂的自我即意味著自己的缺點和缺陷部分。

利用冥想和自我觀察來找出缺點，然後如同修理車子一般，向這些部分作集中的攻擊。

夫妻共同實行時是向著相同的自我攻擊，因此兩人必須先經過一番討論，找出彼此都認爲必須儘速去除的缺點，然後集合二人的力量去攻擊。

如果兩人常常爲小事而爭吵，就得找出爭吵的原因，經過兩人的確認後，就開始著手消滅行

動。

攻擊要繼續進行至缺點消失爲止。據說在一個自我消滅以前，至少須花費三個月的時間。

若想徹底的根絕問題的本源——自我，必須借助另一個，也是唯一的比它更強的力量，那就是昇華的性能力。唯有將那些「自我」一個個耐心的去除，還我無瑕的赤子之心，我們才能得到眞正的自由，從慾望的禁錮中解放出來。

〔時間·間隔〕

實行性能力昇華的時間並無硬性規定，但基本上只要在夫妻雙方能力允許的範圍內，當然持續的時間是愈長愈好。但也不能因自己一心想儘速成爲超人，就強迫對方配合，也不管她（或他）是否已經疲憊不堪，或者根本沒有實踐的情緒。這一點要特別注意，因爲彼此的心靈不能保持同步調，反而會產生反效果的。

實行的間隔一天一次；正確的說法應該是二四小時一次。超過這個範圍，就會破壞自然的規律，而不及如同過之，都是需要避免的。至於時間，只要夫妻方便即可，白天或晚上都無所謂。

〔女性逢生理期或在妊娠中時〕

女性的生理期即爲有機體內正在進行洗淨的工作，所以不可以做練習，如在這段期間內還繼續做下去，會讓污染過的性能力上升；這時，男性可以實行一個人的練習法。夫妻再次開始共同實踐的時間是生理期後的第四天。懷孕期間也不能實行性能力昇華，因爲在這個孕育胎兒生命發展

最重要的階段中，假如發生性行爲，會讓胎兒接收到父母因肉慾而激烈的振動，對於胎兒未來的性格將會有不利的影響；更嚴重時，也會奪走胎兒的生命，希望即將爲人父母者特別注意。

〈離婚或喪偶時〉

在夫妻共同實行的性能力昇華中最重要的原則是：一生中都要與同一個配偶進行。所以在選擇結婚對象時必須特別謹愼。但人生不如意事十之八九，也許你會被迫採取離婚來結束不愉快的婚姻；甚或天嫉佳偶，奪走你的另一半。

這時，若能覓得好的對象，當然可以再譜第二春，但至少要距離與前次配偶分開後一年以上的時間，最好是三年左右。人的身體因個人的磁性、能力等級的不同，最適合與某個異性交合，如果要更換對象時，必須經過一段相當的調整期才行，這時我們的體內正在進行著種種接受另一個異性的準備，務請稍安勿躁。

在這段期間中，千萬不可消耗性能力，只要確實實踐前章所介紹過的練習技巧即可。

〈不能順利進行時應如何處置〉

在實踐的過程中並非時時都是通暢無阻的，有時也會遇到挫折。失敗的原因不外二項：一、由於本身的注意力不夠集中、雜念叢生；二、外界來的阻力太強，超過我們所能抵擋的程度。前者除非振作自己精神、集中心思努力實行外別無他法；後者情況則稍有不同，單靠自己的力量恐怕也發揮不了什麼作用。

這就叫做「攻擊」。在肉眼看不見的異次元世界中會帶給我們各種不同的阻礙，例如：忘懷的往事，有時會浮現腦海，而且只跟情慾方面的記憶有關；平時怎麼都看不順眼的異性，突然強烈的吸引住自己的注意力；不管如何努力，都不能抑制住射精的衝動；或與配偶之間發生摩擦的次數變得頻繁；很難進入實踐的狀態等。

諸如此類的事件如果經常發生時，就有考慮爲「攻擊」的必要了，這時必須施行將這些異次元消極的力量驅逐的防禦法。只做一次的話尚不能形成氣候，與之相抗衡，必須每天施行，直到受攻擊的感覺消失爲止。隨著練習次數的增加，慢慢的就能抓住這個感覺。（關於防禦法請參照第七章）

即使沒有受到攻擊，每個月最好也能實行一次，既可預防攻擊，又有提振精神的效果。在這個防禦法中尚包含了對神的祈禱，所以效果非凡。

〔**年齡**〕

男性在廿一歲，女性十八歲時，性賀爾蒙才發育成熟，形成適合結婚的狀態，兩性在未達到這個年齡以前，我不鼓勵結婚。再者，在尚未了解性的深義前，也不可有婚前的性行爲，以免遺憾終生。在你和對方決定共同生活前，最好先自問彼此是否具備我在第三章所提出的幾項條件，做好心理準備，接納、愛惜、寬容對方，日後所有夫妻之間的問題都可以迎刃而解。

接著，以下我就前述的步驟，約略將夫妻共同實行的性能力昇華法綜合整理出數點，各位讀

者可以把它當作模型來應用。

〓夫妻的昇華法——綜合整理〓

①準備如第三章「對聖母的祈禱」中所提過的祭壇一方，不過在第三章中只須蠟燭和香即可，但在這裡則要再增加二個東西——花和一杯水。

花最好選擇鮮紅色的薔薇，因爲紅薔薇象徵著獻身的愛。不過也不是強制性的規定，你可以配合著季節的不同來準備，例如傳統的春蘭、夏荷、秋菊、冬梅等。

水要倒進乾淨的茶杯中，最好能準備一只祭壇專用的茶杯。

②祭壇一切所需的物品準備妥當後，由女性點燃蠟燭和香，同時雙手在胸前交叉，兩人齊跪在祭壇前，祭壇太低時也可用正坐的方式。

③接著將頭低下，意識集中在心臟，如下祈禱：

但願萬物都能得福

但願萬物都能幸運

但願萬物都能和平

ㄚ——ㄡ——ㄇㄨˇ

ㄚ——ㄡ——ㄇㄨˇ
ㄚ——ㄡ——ㄇㄨˇ

聖母呀！請祢幫助我們，讓我們的性能力昇華爲光和愛。

請祢把第九星球的工作（性能力昇華之意）帶往成功之路。

在我們實踐這個工作期間，請祢保護我們，不要讓任何壞人闖進來，使我完成大法。

以神聖的法和基督的愛爲名，但願一切都能如願。

這個祈禱文的內容可以依個人的靈感、意願自由發揮，吟誦的方式是以男性爲領導，女性跟著重覆一次。

④實行「火的大能」和「水的大能」等練習後，仍然無法清靜氣氛時，千萬不要氣餒，只要再接再勵，接著實行「四的咒文」和「七的咒文」，一定可以把存在於異次元世界裡的惡魔徹底從我們的生活中消滅。（以上的練習和咒文我會在防禦篇裡提到，請詳加查閱、利用）在練習當中，所有的動作或咒文都以男性爲前導，女性只要保持練習開始進行時的姿勢，兩手在胸前交叉、雙膝跪地就行了，在男性吟誦咒文時須複唱一次，也可以一起唱。

⑤如此一來，室內的氣氛應該可以得到完全的淨化，通過四次元而來的攻擊也必然會屈服在這個咒文的偉大力量下。

另外還有一個要點是澄淨兩個人的心靈，使之能緊密地結合在一起，爲共同的目標而祈禱。

祈禱文的內容可以自由創作，但必須遵守一個原則，那就是經常採取積極的態度；如以下所示範的祈禱文：

聖母呀！請祢幫助我們一起進入更高次的境界，使這個上天所賜予人類的無價之寶——性能力昇華吧！

在這個實踐中，請祢幫助我們根絕「狹隘的自我」，請祢使自我的陰影永遠從我們的心中移開，並且消滅它，請祢賜給我們力量。

將自我判死刑！

將自我判死刑！

將自我判死刑！

請祢讓眞摯的愛充滿了我們的心靈，開發出嶄新的、建設性的人生；請你幫助我們爲大多數人謀福利。

在聖法和佛陀的名義下，請你幫助我們完成。

這些祈禱的辭句擁有可以潔淨我們心靈、引出「雖千萬人吾往矣」的勇氣來的效果。在祈禱中，有時也會出現連自己都無法想像的仁慈、博愛的心來。

⑥祈禱完畢後，一定要虔誠的感謝聖母的援助，也要向火精和水精表示謝意，接著重複③所介紹過的祈禱文（到ㄚ——ㄡ——ㄇㄨˇ爲止）後就可以結束。

這種儀式擁有相當大的力量，無論是對於防禦攻擊或登躋靈界，都是不可缺乏的要素。如果因某種因素而無法完全做到時，至少也要在實行開始前跪在祭壇前禱告，這時如能再加上③的祈禱文（至丫——ㄡ——ㄇㄨˇ為止），就更能使力量強化了。

⑦然後進入性能力昇華的階段，兩人應該慢慢的、溫柔的進行一段長時間的所謂「前戲」的部分，直到身體漸漸的產生熱來。

⑧等到熱出現後，立刻結束動作，徐徐吟誦曼托拉。因為這時性賀爾蒙已經處在一個非常容易變化的狀態，因此必須集中意識，全神貫注地想像著性能力上升到腦和心臟的情景。

⑨大體上，上升完畢後，身體會再次發出熱來，同時性賀爾蒙也會再度分泌出來，這時再以曼托拉和呼吸法來刺激它上升；如此反覆數次。

⑩完畢後，兩人一起坐在祭壇上向聖母的援助表示衷心的感謝。

如果夫妻間的任何一方還感覺自己體內尚有殘餘的性賀爾蒙時，就要單獨實行一個人的練習，讓它完全上升；這時以「HAM　SA」的曼托拉來進行或西藏式的練習來上升都很有效，只要自己喜歡或覺得適合自己的情況較容易做到即可。

實行完以上各點後就可以結束夫妻間的性能力昇華法。最好每隔24小時做一次，但有時會因對方的種種狀況而無法一起練習時，也可以實行一個人的昇華法來讓它上升。千萬不可讓它滯留在體內或以任何不當的方法來消耗它。

第五章
使用神聖文字努恩的練習

二何謂努恩文字二

從現在追溯到比「亞特蘭提斯時代」和「幕時代」更古老的時間，那時居住於此的原住民據說已經使用某種神秘的文字體系，那就是被層層謎團所圍住的神聖文字「努恩」。

目前全世界各民族所使用的文字據說就是由這個太古的符號而來的，若將各文字的演變過程向前推演、探索，最後一定會歸於努恩文字。到底這個神聖文字是怎麼形成的呢？

努恩文字是以符號的方式被記錄下來的，原本是爲描繪廿四個魔法的變化過程，這廿四個符號象徵著「神的廿四個王座」或「天的廿四個長老」（參照啓示錄第四章第四節）；卡拉拿魔法師把這廿四個象徵簡略成四個希伯萊文字，再以廿四個王冠來裝飾這4個文字，從這些王冠中發射出七二道光線，這七二道光線即意味著七二個天使，也象徵著七十二＝九（完全的人）。

據說這四個文字「約特、駭、保歐、駭」秘藏著神最偉大的力量。就是因爲這個魔法效果太可怕了，所以希伯萊人才禁止他們的人民以任何形式說出。

努恩（RUNE）即意味著「神秘、睿智、火箭、動力、秘密」等，同時以「努恩」爲語源的英文字〃RUN〃正代表「跑、迴轉」的動作；而在美洲大陸一部分地區殘留的原住民，他們的語言也擁有「動的人」的涵義；這些證據在在暗示著努恩的實踐，也就是練習。

努恩文字的遺跡除了在著名的斯堪地那維亞半島和伊斯達島兩地出土的所謂「隆渥、隆渥」文字外，另外在全世界各地幾乎陸續都有所發現。但，這個神聖文字最傳統、最忠實的保存者却是北歐的日耳曼民族和斯堪地那維亞民族。

例如，在北歐的神話中，努恩即佔著相當重要的地位，因爲努恩是經過代代相傳睿智的產物，也是主神奧丁（北歐神話中主司智慧、戰爭之神）所傳授給人們的。奧丁神是睿智之神同時也是戰鬥之神，祂與巨人搏鬥勝利後，終於得到了努恩文字的秘密；更爲了從巨人密密兒處獲得「預言未來和理解科學」的能力，祂不惜犧牲自己的一隻眼睛與巨人交換。

在如此美麗而又悲壯的神話故事中，北歐民族默默的把努恩文字和其魔力的秘密流傳下來。但，他們所得到的有關努恩文字的秘密到底是什麼呢？

二努恩的魔力——開發出高度的能力二

努恩文字是以符號來表現，但讀者不知道，這些符號是引出魔力與否的關鍵，因爲符號可以抓住在其形體上的某種特定的力量，使與它相應的人的能力活動起來。

符號是活的，因此努恩文字也是活的；它蘊藏著力的活動和足以搖撼整個人類的宇宙能量。

那麼，該如何使這個努恩文字的魔力作用呢？那就是以意志力、曼托拉及呼吸法三種要素爲

↑刻有努恩文字的石碑。這是斯堪地那維亞的三個國家聯合贈送給日本的無價之寶，現被存放在日本東京的日比谷公園。

軸，予人類可以操縱這個龐大能力的機會，從而開發出高度的能力。

努恩文字的魔力可以開發出以下的能力：

①強化想像力（不是空洞的思考，毫無建設性；而是可以刺激創造力的力量）。

②強化意志力，克服怠惰的習性或不安感，培養出堅毅不屈的意志力量。

③淨化血液、促進血液循環，使身體更健康；加速腦的活性化。

④使人的內在之火——性能力活動起來。

⑤知性的開發。

⑥爲開發超記憶和超視覺作準備（要開發這二種超能力必須先使性能力昇華，努恩的練習也有促進查克拉上升的作用）。

使這些能力甦醒即是使我們的意識甦醒；而意識的甦醒正意味著我們本身獨立的思考力量。

經由這種力量，我們可以從自然界中擷取精華使之成爲知識，或以少數的勞力換取大量的成果。

二以努恩文字來吸收太陽能二

到底利用努恩文字所抓住的能力是什麼呢？那就是太陽能。實踐努恩文字的練習就好比利用

裝設在屋頂的太陽電池以吸收太陽能或其他各種能夠吸收太陽能的設備一般，可以對肉體作無限能力的充電。

不只是太陽能，這個練習尚能獲得和吸收自然界中或從遙遠的星球傳來的最纖細的能源。

也就是說，我們實踐努恩文字的練習時，種種姿態擔負著吸收從外界來的能力。同時手也有負責收送性的天線般的作用；食指可以操縱太陽能，小指可以操縱陰能，而拇指可使那些能力綜合，加以巧妙的運用。

再者，集中在手裡的能力如果欲用在治療或祝福等方面時，是把手掌攤開向外放出；相反的，欲受信時就得通過兩手中將近廿八萬個原形質的先端，引導至有機體的七萬二千個神經線路來。

這些能力可以使生命的基礎——乙醚的成份益發活動起來，從而帶動整個肉體；更因爲知道如何正確的發動肉體，而把自己本身的能力活用到極限。

＝強化意志力、增加性能力＝

由以上的說明，相信各位讀者已經有一個概念：實踐努恩的練習是爲了補充精力。

自認爲能力不夠，無法擔負重責大任或經常覺得無精打采、精神不濟的人，可以利用這個練習來充實自己的能力和精氣。

現代人受到種種文明產物的危害，如：添加物過量的食品、人工生產的水果和蔬菜等，以及因環境污染所造成污濁的水資源和空氣的污染，生活在這種惡劣的條件中，不知不覺的就會降低我們的能力，不管從事何種工作，都無法長時間的持續下去，毫無效率可言。

假如你也有這種情況，那麼我鼓勵你實行這種努恩練習。其中特別値得一提的是，它有強化意志的能力。不管遭逢任何險阻，都不會受挫，仍然昂首向前、不屈不撓的精神；意志力對想要攀登超人之路的人來說，是最重要的因素，也是臻於高境界的一股助力。

性能力是我們體內隱藏的一種無價的能力，我們也可藉努恩練習中吸收而來的太陽能來增加性能力（生命力）。

此外，尚有其他各種不同的附加效果。所以，請各位讀者耐心的讀下去，以免遺漏了任何一個對你有幫助的項目。

這個努恩練習式的性能力昇華以及將在下一章介紹的西藏式性能力昇華都擁有操縱我們肉眼看不到的能力的神奇效果。是否能感覺出那些超能的存在和活動的狀況，是成功與否的分界線，因此從日常生活中就要經常接觸文學或音樂等藝術性的作品，藉以磨練自己的感受性；因爲這些作品就是那些藝術家崇高精神的結晶，作者將他的思想、感情經由作品傳到我們的心中，使我們也感染了他偉大的情操。

〓全體性的注意事項〓

談了這麼多理論之後，我們可以進入實踐部分了，不過在這之前，我先說明一下全體性的注意事項，希望各位讀者細讀每個重點，並且絕對遵守。在某些方面它與實行性能力昇華時所應注意的項目相同，這是在操縱肉眼無法看到的能力時一定會出現的問題，因此必須特別謹記，在實踐中確實的執行。

★努恩練習沒有年齡的限制。三項要點是：①注意努恩文字的形態和動作。②曼托拉（聲音的振動）。③服從呼吸法的指示。不必採取任何勉強的姿勢，誰都可以輕易地完成。

在這裡，我準備了一份一年間的進度表，每個月一項共十二個努恩的練習。另外附帶介紹五種依各人需要可以隨時插入的努恩練習，其中的一個對性能力昇華提供了很大的助益，就是在下一章才介紹的西藏式練習也是一樣；由此可知性能力昇華是何等的重要。

★在這個練習中最重要的是想像力和意志力；在變換動作和吟誦曼托拉時，必須集中意識來進行。注意不可變成傀儡式機械性、被動性的練習，如此不會得到任何效果的。

努恩練習不只是做一些動作，更要利用想像力和意志力，下意識的喚醒內在的力量來。

★努恩的實踐日期是始於春分那一天，意即從三月廿一日開始。從當天起，每個月實行一個練習

，共十二個。

★最適合練習的時間是從日出後一直到半夜十二點之間，在這段期間中任何時候都可以；但半夜十二點以後至日出以前則不可做，因爲在這時候無法吸收到太陽能，而只會吸收到月亮的能力之故。

★在每個練習中所規定的練習時間是以須花費最少的時數來表示。有些人因身體反應的不同，如果會有目眩或不快感時，也可以縮短；身體情況較好的人，只要不持續太久，可以延長20％到30％的時間。縮短時所短少的時間必須等到身體習慣後，慢慢延長時間來補足，但絕不要過分勉強，尤其是必須做旋轉動作的「努恩・哈卡路（HAGAL）」等，有時會引起目眩，因此最好能愼重地調適一下身體的狀況。

沒有標示時間的練習，則表示只要按照說明實行即可，沒有必要特別拘泥於時間。

★每個練習的位置必須面向太陽升起的東方，場所則不限制，無論室內或室外都可以。

★實踐時最好能穿著棉、痲、羊毛和絹絲等所製成衣服，化學纖維的製品會阻礙能力的流通，所以應該棄之不用。可以打赤脚或穿著上述的自然成分所製的襪子，以保持通體的舒暢感，便利性能力的上升。

★身體儘量柔軟，不要太僵硬，如果事先能做一些輕度的伸展運動，那就更好了。注意使能力自由、輕鬆的流動，保持愉快的態度。呼吸也要慢慢的加重，把一切的邪氣都吐出來，吸收有活性作

努恩

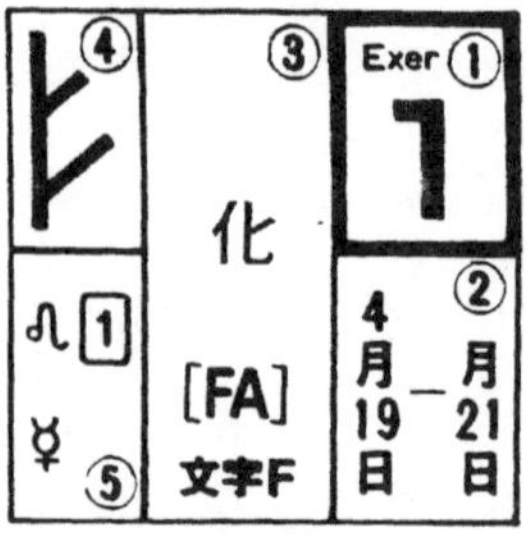

用的氧氣。

★一直長久臥病在牀、無法站立或腳部無法行動的人，可以改做努恩的姆洛拉練習（如圖所示）來取代動態的練習。我們的雙手是非常有效的能力受信器，曼托拉和祈禱的使用也有相同的作用，希望身體不便的朋友不要氣餒。

★為了便利讀者了解各練習附圖的內容，以下我就以上圖為例，簡單的介紹一下：①練習的號碼順序。②練習期間。③努恩的名稱，〔〕內和其下是英文的表示法。④努恩文字。⑤號碼與星座宮、行星。（在應用篇裡沒有②，而④和⑤則載於同一欄，要特別注意）

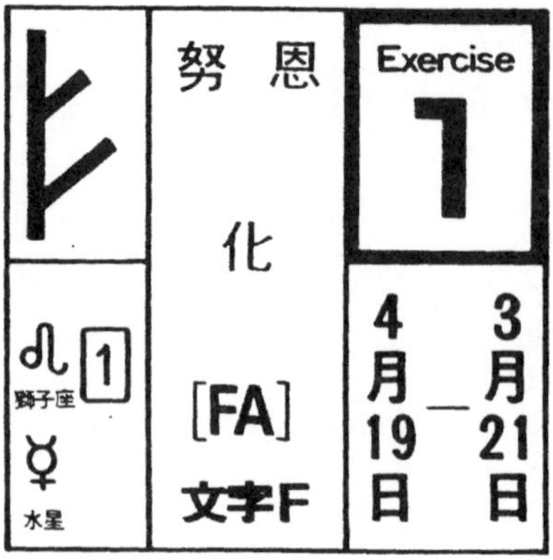

=改造精神與肉體的努恩練習和年間進度表=

●努恩・化

「努恩・化」可以使我們體內產生一股驚人的宇宙力量，隱藏著足夠使眞正的意識甦醒的能力。

練習

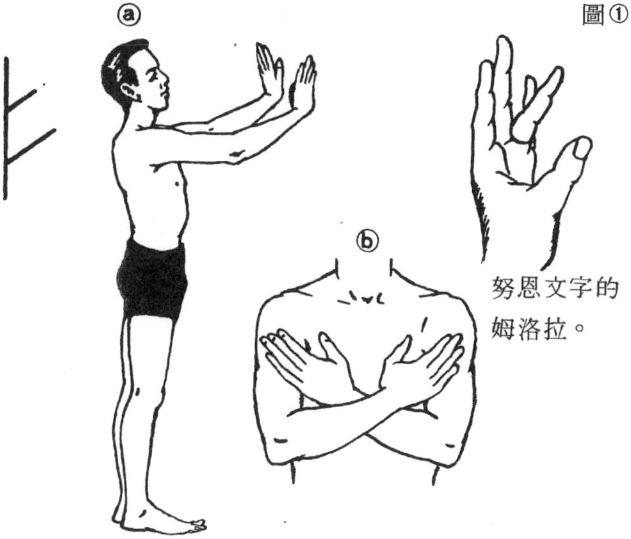

努恩文字的姆洛拉。

①兩手如圖①之A般抬起，手掌向著太陽的方向，左手比右手略微提高一些，不必用力，把肘部稍爲彎曲。

②深深的、慢慢的吸氣，想像著在手上的廿八萬個原形質的先端可以吸收到太陽的能源。

③以那些太陽能充滿了整個身體，再如下祈禱：「偉大的愛的力量呀！請你讓我的意識甦醒，爲我燃起愛之聖火吧！」

④再一次深深、慢慢的吸氣，直到感到氧氣從肺部、胸部、肩膀等逐次的充滿了整個身體。

⑤以相同的姿勢一邊吐氣，一邊發音曼托拉「化」，一直持續到無氣可吐爲止。

⑥再度吸氣，同時發音「FA」。

⑦同樣的發音「FE」（ㄈㄟˋ）。

⑧同樣的發音「FO」（ㄈㄛˋ）。

⑨同樣的發音「FU」（ㄈㄨˋ）。

⑩每次呼吸時都要慢慢的進行，同時以想像力來描繪出吸收的能源沿著脊椎骨上升到腦部，而後引導至心臟的情景，愈生動、逼眞效果愈好。

⑪從開始的祈禱到曼托拉的發音爲止（②～⑩），反覆三次（以下的步驟當作儀式Ⓐ）。

⑫完畢後，雙手在胸前交叉站立，這時的動作如圖①之Ⓑ一樣，記住右手一定置於左手之上。

⑬接著如下誦道：

「但願萬物都能得福」

「但願萬物都能幸運」

「但願萬物都能和平」

⑭最後發音曼托拉「Ｙ——ㄡ——ㄇㄨˇ」三次後，就可以結束這個練習。

Exercise 2

4月20日—5月19日

努恩 伊斯 [IS]

文字I

9

水瓶座

● **努恩・伊斯**

將伊斯（IS）連續唸二次，即成伊西斯（ISIS），也就是宇宙永恒的聖母之聖名。努恩・伊斯有促進血液循環、淨化血液成份、開發超視覺能力等神奇的效果；同時讓自己偎依在這個神聖的宇宙母親的胸膛，藉著祂的溫柔輕撫來冥想，我們就可以發現自己身體內部的光（也就是讓自己的意識甦醒）。

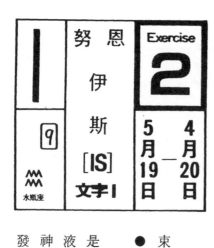

練習

①如屏氣凝神、屹立不搖的軍人般站立，一邊慢慢的吐氣，一邊舉起雙手，儘量舉高伸直，使兩手與身體成一直線，形成如努恩・伊斯的字形一般。（圖②）

②維持這個姿勢不動，一邊吐氣，一邊發音曼托拉「ㄧ——ㄙ」（IS）。

③重新一邊慢慢的吸氣、一邊想像著手指自然地抓住精力的情景，將手移向腦和心臟的部位。

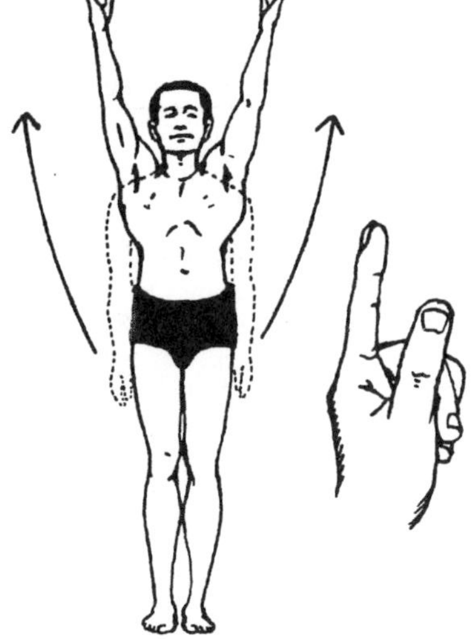

圖②

④一邊吐氣，一邊再次發音「ㄧ——ㄙ」（IS）。

⑤再吸氣，然後一邊吐氣，一邊發音「ㄧ——ㄙ」。

⑥兩手慢慢地放下，回到原來直立的姿勢。

⑦到此爲止當做一週期，反覆做三次。

⑧完畢後，立刻與前次的練習一般把右手放在左手上，兩手在胸前交叉，以防能力的喪失；同時須跪下。

⑨然後以眼睛深深的朝自己的內側凝視，如下

祈禱：

「我衷心的相信伊西斯、觀音、瑪麗亞的存在，那是孕育宇宙自然一切物質的力量，賜給我光明，讓我在自然中得到啓示、成長；伊西斯發出愛之愛，不斷向我召喚，我要向著祢，無限的宇宙啊！」

⑩最後仍舊站立不動，實行與努恩·化一樣的儀式Ⓐ（以下均以Ⓐ表示）後就可以結束。

●努恩·阿爾

Exercise 3

5月20日—6月20日

努恩 阿爾 [AR] 文字A

太陽 ⊙ 10

♅ 天王星

阿爾（AR）是太陽的努恩，也就是太陽能。這個努恩·阿爾是爲了使我們順利地接受聖火的洗禮而做準備，幫助我們戰勝情慾，成爲祂的助手。此外，「A」的母音發音是「ㄚˋ」，它可以使人擁有自主性，消除怠惰、不安、以及自卑等缺點。

練習①（10分鐘）

①兩手自然地垂放在身體兩側，右脚稍微向旁踏出少許（如圖③之ⓐ）。

②深深、慢慢的吸氣，接著一邊吐氣，一邊發音「ㄚˋ——ㄟˋ——ㄛ」（A—I—O）。

③再次一邊慢慢的吸氣、一邊從地球的磁場和天空中吸取電

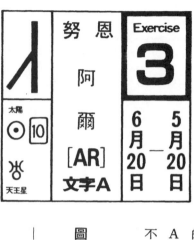

能力，想像著將它引導至胸和心臟的情景。

④再度發音「ㄚˋ——ㄧˋ——ㄛ」。

⑤綜合以上各步驟為一週期，重複進行數次，最後以Ⓐ儀式來作為結束，時間包含Ⓐ共10分鐘。

練習②（10分鐘）

①姿勢與前同，只有曼托拉的發音略有更改。慢慢的吸氣，然後一邊吐氣，一邊發音「ㄚˋ—

圖③

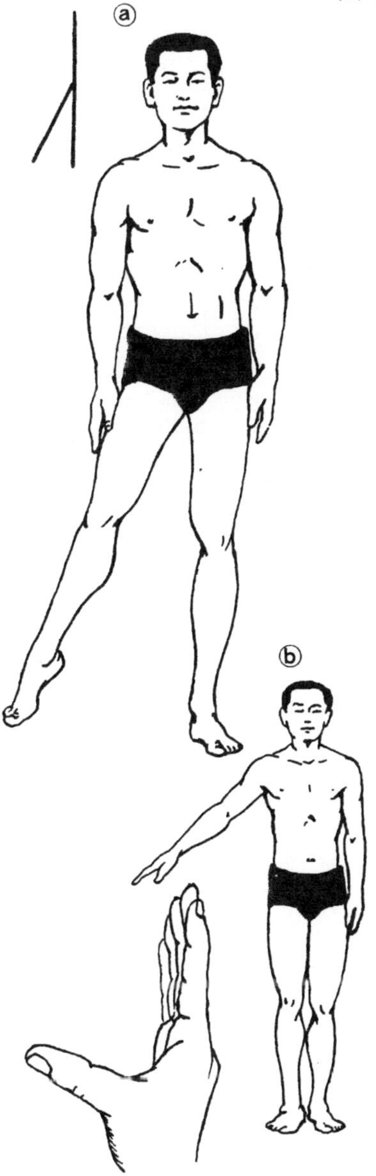

—ㄧ」（A—I）。

②同樣的發音「ㄚ——ㄟ」（A—E）、「ㄚ——ㄛ」（A—O）、「ㄚ——ㄨ」（A—U）。

③一直反覆進行以上的步驟到時間終了爲止；最後再做完Ⓐ後就可以結束。

此外提醒各位一點，這個練習不只可以用腳來表示努恩・阿爾的型態，也可以如圖③之ⓑ一樣，以右手來練習。

●努恩・係個

Exercise 4

6月21日—7月22日

努恩 係個 [SIG] 文字S

11

♆ 海王星

努恩・係個（SIG）的效用是喚醒我們內在的聖火，強化性能力，對性無能或神經衰弱的恢復有很大的幫助。

練習

①做成半蹲的姿勢，將背部挺直，手輕放在膝蓋上（如圖④之ⓐ）。

②深深的吸氣後，發出火的聲音「SㄙSSSS」（嘴巴向側面拉開，從牙縫間出氣）。

③同時想像著太陽能通過腦的松果腺，滲透下來的情景。抵達薦骨後，再從此以螺旋狀上升，引導至腦和心臟的部位（圖④之ⓑ）。

Exercise 5

努恩 涕爾 [TIR] 文字T

7月23日－8月22日

12 ♓ 魚座

④如果身體會搖晃，無法長期保持平衡的話，可以在膝蓋下放置木塊或石頭。

⑤到此爲止，反覆進行三分鐘後，再實行儀式A。

⑥再度練習①～③的步驟連續三分鐘後，接著再實行儀式A。

⑦最後再重複一次①～③的姿勢和發音，想像著太陽能上升的情景，持續三分鐘後，再以儀式A作爲結束。

●努恩・涕爾

這個努恩・涕爾（TIR）是以T（路）爲前導，也就表示了三位一體

圖④

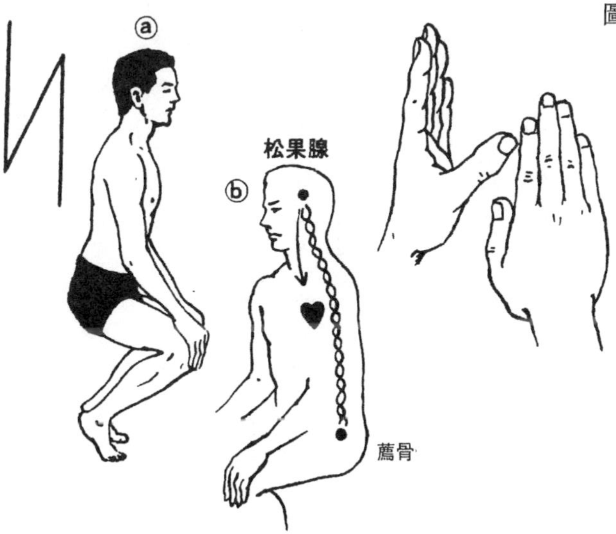

圖⑤

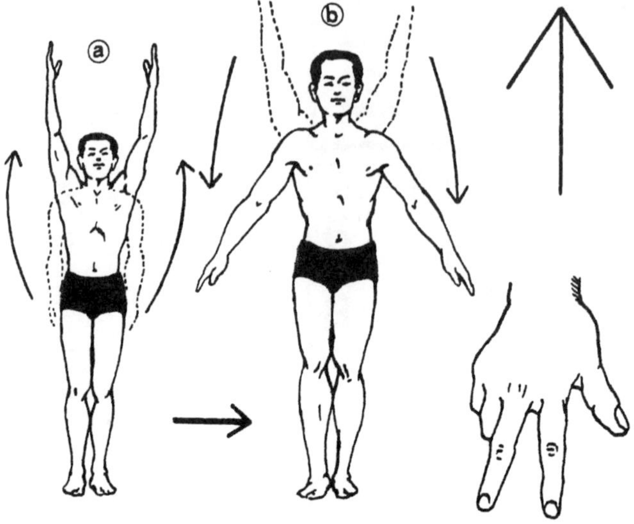

，即創造者的三種力量以及「生命之樹」，使人意識覺醒、淨化血液，讓人精力充沛、反應靈敏、活潑躍動的努恩。

練習（10分鐘）

①開始的動作與努恩・伊斯相同，一邊慢慢的吸氣，一邊高舉二手（如圖⑤之ⓐ）。

②接著一邊吐氣、一邊發音「ㄊㄧˋ ㄦˇ」（TIR），同時兩手慢慢的放下。手掌要向著內側攤開，就如半開的雨傘一般（如圖⑤之ⓑ）。

③再次發音「ㄊㄧˋ ㄦˇ」，同時想像著太陽能變成一道黃金的光在體內流動，直到將體內充滿爲止。

④到此爲止，反覆進行至時間終了。

⑤最後以儀式Ⓐ作爲結束，時間包括Ⓐ共10分鐘。

「T」的發音所產生的振動具有喚醒意識的功能；「I」的振動對血液（據說是靈魂的交通工具

）會起強力的作用；「RRRR」的發音就如車輛的引擎發動時的聲響一般，可以刺激我們的性能力開始流動。總而言之，各位只要實際演練後就可以體會其效果。

「BAR」意味著「地球之子」，這個努恩所代表的涵義是「生與死」、「生存者的變遷」、「死者的歸屬」等。

●努恩・罷爾

努恩・罷爾要與前項的努恩・涕爾配合來實行。「TIR」代表的是魚座——水星；「BAR」代表的是牡羊座——火星，將這兩個努恩組合起來的話，可以讓我們體內的火和水活動，同時爲了得到完全的健康，把我們的固體和液體的部分充分調和。

Exercise 6

8月23日—9月22日

努恩 罷爾 [BAR] 文字B

13

♈ 牡羊座

練習（10分鐘）

①與努恩・涕爾相同，一邊吸氣，一邊高舉雙手；接著一邊吐氣，一邊發音「ㄊㄧˋ ㄦˇ」，同時慢慢的放下兩手。

②接著將左脚和左手如圖⑥一樣的彎曲，形成努恩・罷爾的字形（注意左手的指尖要朝下）。

③保持同樣的姿勢作深呼吸，一邊吐氣一邊發音曼托拉「ㄅㄚˋ ㄦˇ」（BAR）。

④到此爲止定爲一週期，反覆進行至時間終了。

⑤最後實行儀式Ⓐ後就可以結束，時間共10分鐘。

●努恩・悟爾

努恩・悟爾（UR）代表的是永遠的母親、宇宙的子宮之意，同時也表示計時的時鐘；對內臟的強化有偉大的神效。

練習

Exercise 7	努恩 悟爾 [UR] 文字U	ᚢ
9月23日—10月22日		月 ☽ 2 ♍ 處女座

①兩脚稍微分開，身體向前彎曲（腿部保持直立），兩手指尖恰好觸地，保持此種姿態。（圖⑦）

②以這個姿勢想像著世界誕生以前所寄宿的偉大宇

圖⑥

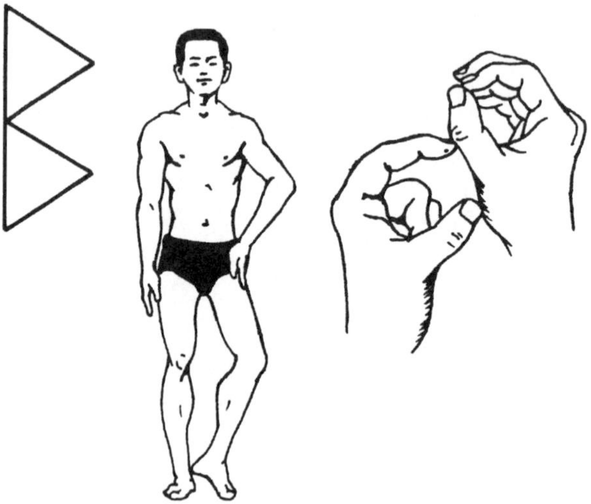

宙母親的子宮。將意識集中在此處，如下祈禱：

「在我眞實的存在中所寄宿的神聖之光啊！ㄌㄚ——ㄇㄧ——ㄡ。我存在的母親啊！ㄌㄚ——ㄇㄧ——ㄡ。請祢幫助我吧！ㄌㄚ——ㄇㄧ——ㄡ。聖母呀！請祢光輝著我的靈，祢才是我眞實的存在！ㄌㄚ——ㄇㄧ——ㄡ。祢的手中抱著黃金之子——赫魯斯，請祢讓我的精髓與他相連！」

③接著發音曼托拉「ㄨˋ」七次。

④到此爲止爲一週期，重複做三週期。

⑤最後實行Ⓐ的儀式就可結束。

⑥如果能留一些時間來冥想宇宙永遠的母親，那就更能發揮這個努恩練習的作用了。

●努恩・透爾

努恩・透爾象徵著薔薇的刺，也意味著如水晶般的意志；意志力對我們來說，比任何高價的寶石還要珍貴、難得，而努恩・透爾（THORN）恰好可以爲我們開發出這個無價的意志。

圖⑦

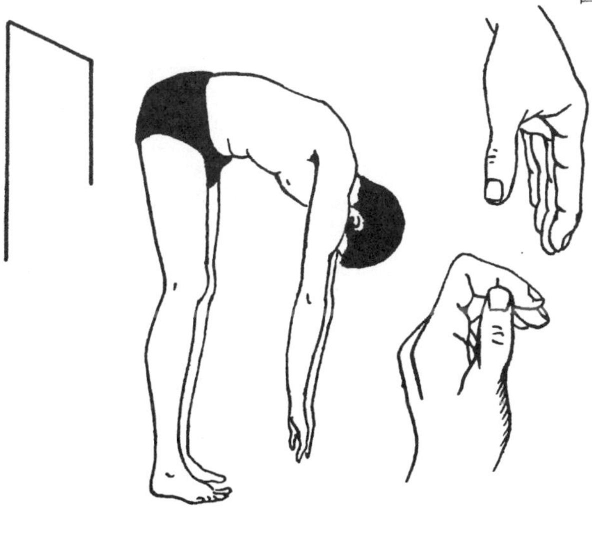

Exercise 8

10月23日—11月22日

恩努透爾 [THORN] 文字T

太陽 ⊙ 3

Ω 天秤座

練習（10分鐘）

①開始時保持靜立不動的姿勢，然後右手慢慢彎曲上移，輕輕地沿著體側移動，停在腰部的位置，同時指尖要朝下（圖⑧）。

②保持這個姿勢，一邊慢慢的、深深的吸氣，一邊想像著太陽神經叢（肚臍的部位）不斷吸收太陽能的情景。

③接著將吸收進來的能力引導至腦和心臟的方向，同時一邊吐氣，一邊發音「ㄊㄚˋ ㄦˇ」（TAR）。

④再一次深深的、慢慢的吸氣，發音曼托拉「ㄊㄟˋ ㄦˇ」（TER）。

⑤同樣的再度發音「ㄊㄧˋ ㄦˇ」（TIR）。

⑥同樣的再度發音「ㄊㄡˋ ㄦˇ」（TOR）。

⑦同樣的再度發音「ㄊㄨˋ ㄦˇ」（TUR）。

⑧一邊吸收太陽能，一邊想像著在心臟的部位出現了美麗、鮮紅的薔薇花，如此再從②～⑦反覆進行約10分鐘。

⑨最後以Ⓐ儀式來結束練習。

耶穌基督受難於十字架時，頭上戴著一頂有刺的冠，這頂王冠即象徵著意志的給予。在實踐

	努恩 歐涕·歐斯 [OTHIL OS] 文字O	Exercise 9
4 ♏ 蠍座		11月23日—12月22日

圖⑧

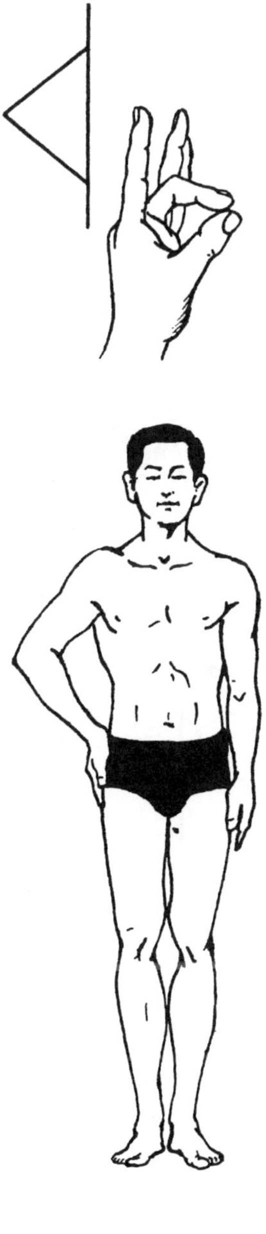

努恩·透爾時，貫注所有的精神，致力於獲得意志的王冠（努恩·THORN是以＜DORN＞的第一個字母D來表示其字形，但在這裡則以THORN爲主）。

●努恩·歐涕·歐斯

努恩·OTHIL是屬於蠍座，蠍座與我們的性器有密切的關連，即意味著永遠的創造動力；它同時也關係著生命、宇宙的四大要素的活動和神的氣息——風神。

這個努恩·OTHIL是要與同文字女性型態的努恩·OS配合起來練習。OS代表的是女性的原理、也就是月亮、女陰和子

宮等；它可以使我們的肺部乾淨、健康，特別利於吸收氧氣來使腦部活性化。

練習①（①和②加起來共15分鐘）

①兩腳向兩邊拉開，慢慢的吸氣，兩手高舉至頭部上方合掌（圖⑨之ⓐ），這時要想像著有一股能力滲透到體內來，同時正慢慢的擴散至全身。

②接著一邊吐氣，一邊把兩手伸直，慢慢朝前方放下，同時身體也要向前彎曲，手掌接觸地面，注意雙手雙腳須保持直立（圖⑨之ⓑ）。一邊吐氣，一邊發音曼托拉「透爾」（**THORN**）。

圖⑨

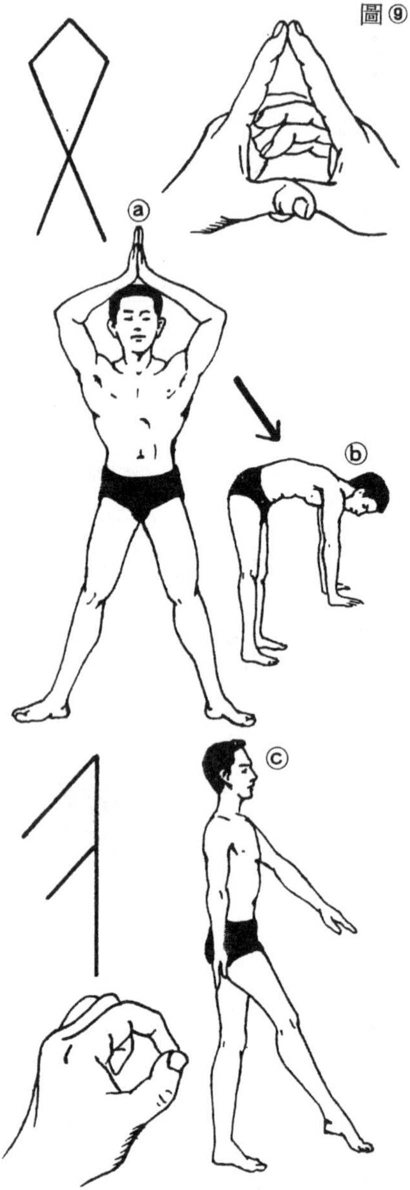

練習②

①首先保持直立的姿勢，接著將右脚和左手向前抬高，角度如圖⑨之ⓒ。這個型態與努恩・化恰好相反；努恩・化表示主動的原理，努恩・歐斯則表被動的原理。

②接著慢慢的、深深的吸氣，然後在吐氣時發音「ㄡ——ㄙˋ」（OS），「ㄡ——」象徵子宮和創造萬物的卵，「ㄙˋ——」則表示蛇之火和聖母的聲音。

綜合練習①和②為一組，共實行約十五分鐘。最後以儀式Ⓐ作為結束。

●努恩・利塔

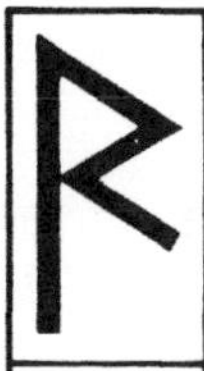

Exercise 10

1月19日—12月23日

努恩 利塔

[RIT(A)]

文字R

5

♃ 木星

這是屬於法之努恩，意味著權力和正義；同時也是韻律和舞蹈的努恩，其效果可直接影響到男性內分泌腺的調和。不過這個練習不分男女均可實行。

練習（10分鐘）

①以直立的姿勢開始，慢慢彎曲左手向上移，待手掌緊貼腰部時即可停止，指尖朝下，左脚略微向外張開，提起脚跟，以脚尖著地。（如圖⑩）

②慢慢、深深的吸氣，接著一邊吐氣，一邊發音曼托拉「ㄌㄚˋ」（RA），須捲舌。

③同樣的吸氣，然後一邊吐氣，一邊發音「ㄌㄟˋ」（RE）。

④接著發音「ㄌㄧˋ」（RI）。

⑤接著發音「ㄌㄡˋ」（RO）。

⑥接著發音「ㄌㄨˋ」（RU）。

⑦接著以同樣的捲舌音發音「ㄌㄌㄌㄌㄌㄌ（RRRRRR）」同時想像著將吸收到體內的能力引導至腦和心臟的景象；務必要強烈的想像才好。

⑧反覆發音曼托拉直到時間終了，最後實行儀式A即可結束，時間包含A共10分鐘。

讀者習慣了努恩練習的實踐後，就可以自然而熟練的作出正確的呼吸法。呼吸與宇宙能力的吸收之間有著密切的關係，因此必須集中意識來實行。在進行呼吸法時，務必想像著自己正在吸收著宇宙的能力。

●努恩・況（KAUM）

努恩・況的原義是指巫女、妻子。而代表神聖之蛇的「抗（KAN）」字也是由此衍伸出來的。它的守護星是愛之星——金星，尤其會直接影響到女性內分泌腺的調和，不過男女都可實踐這個練習。

努恩

況

[KAUM]

文字K

Exercise 11

1月20日—2月17日

6

金星 ♀

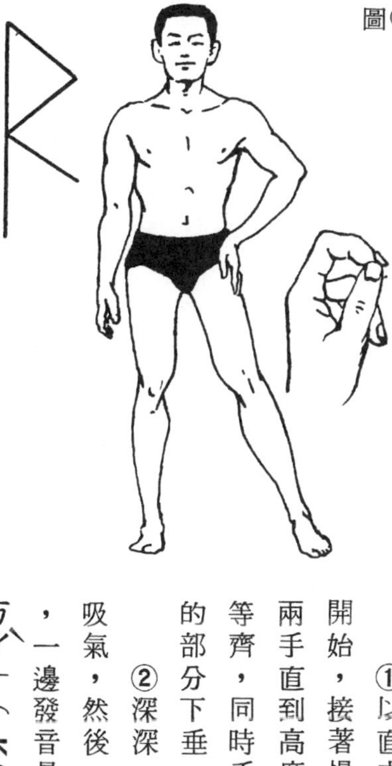

圖⑩

練習（15分鐘）

①以直立的姿勢開始，接著慢慢抬起兩手直到高度與眼睛等齊，同時手腕以下的部分下垂（圖⑪）。

②深深、慢慢的吸氣，然後一邊吐氣，一邊發音曼托拉「ㄎㄚˊ」（KA）。注意呼吸不要變成機械化，將吸收來的能力佈滿全身。

③同樣的發音曼托拉「ㄎㄟˊ」（KE）。

④以下按照「ㄎㄧˊ」（KI）、「ㄎㄡˊ」（KO）、「ㄎㄨˊ」（KU）的順序發音。

⑤最後發音的曼托拉是「ㄎㄚˊ——ㄨ——ㄇㄨˊ」（KA U MU）。

⑥發音曼托拉反覆數次直到時間終了，最後實行完Ⓐ儀式即可結束，時間包含Ⓐ共15分鐘。

在這個練習中曼托拉的振動是利用努恩文字魔法性的型態，配合著呼吸法來吸收外界的能，

圖⑪

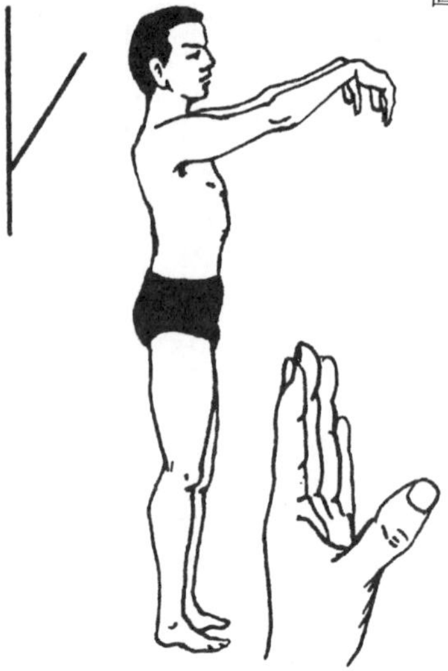

如能再加以想像力和意志力的調和，就更能發揮其偉大的力量。

「KA」代表理解，可以產生探索的慾望。

「KE」代表注意力和品味的高低。

「KI」代表喜悅和健康。

「KO」代表勇氣和冒險的精神。

「KU」代表冷靜和愼重。

這些曼托拉的效果在讀者累積了多次練習的經驗後，就可以從自己的改變得到印證。

●努恩・哈軋

努恩・哈軋（HAGAL）爲努恩文字之母，即意味著宇宙的基督；別名是「世界之努恩」，數字7則象徵著永遠的勝利。我們可以看到這個向上的三角形（△）和向下的三角形（▽）擁有將我們體內的大宇宙和小宇宙連結在一起的功能。

做完努恩・哈軋後，就完成了一年間的預定表。這個努恩練習必須配合七個努恩來做爲實行的總整理，其中包括了我們已經介紹過的部分，也有些今後將陸續介紹，經過重新編排過的努恩具有其獨特的功能，讀者必須將它視爲新的努恩來實行。這就是我們在前面提過的有旋轉動作的

Exercise 12	努恩 哈軋 [HAGAL] 文字H	ᚼ
2月18日—3月20日		7 射手座

練習。

練習①（與努恩．伊斯的配合）

①開始採取努恩．伊斯的基本姿勢，也就是如圖⑫之ⓐ一般，高舉雙手與身體成一直線，同時深深的，慢慢的吸氣。

②接著以努恩．哈軋獨特的姿勢開始旋轉。也就是一邊吐氣，一邊發音「ㄧˋ——ㄠˋ」，向右轉七圈，以芭蕾舞或花式滑冰般的優美動作旋轉。

③旋轉七圈後，雙手在胸前交叉（右手一定在左手之上），吸氣後，發音「ㄏㄚˋ」；發音這個曼托拉時，如同歎氣一般將氣吐出。

練習②（與努恩．耨特（請參照應用篇）的配合）

①如圖⑫之ⓑ一般，右手向上，左手向下朝兩側張開。

②深深的吸氣，一邊向右繞動，一邊吐氣，同

圖⑫

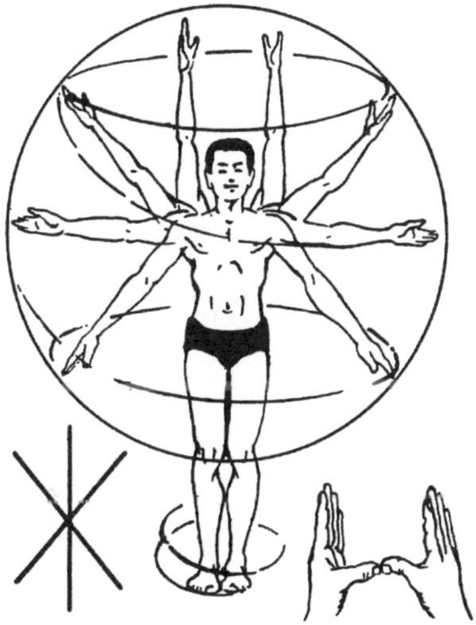

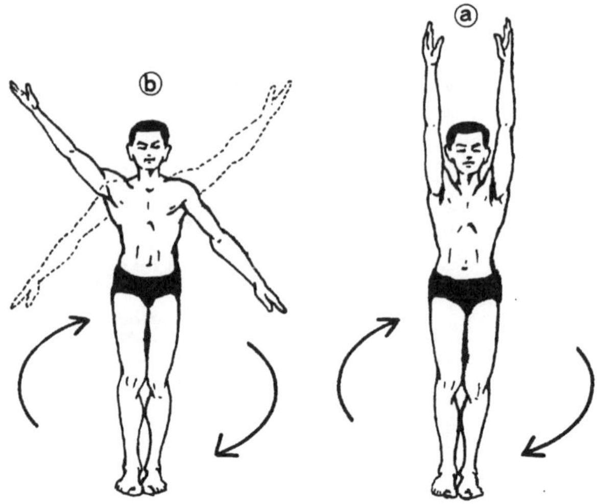

時發音曼托拉「ㄋㄚˋ」（NA）。

③繞一圈後，接著左手向上，右手向下（兩手方向與①完全相反）。

④深深的吸氣，一邊向右繞動，一邊吐氣，同時發音曼托拉「ㄋㄟˋ」（NE）。

⑤繞完一圈後，再把兩手的方向交換，右上左下，深深的吸氣，然後一邊吐氣，一邊發音曼托拉「ㄋㄧˋ」（NI），同時開始向右繞動。

⑥相同的情形，每繞完一圈後，就要將兩手的位置調換，然後陸續發音曼托拉「ㄋㄡˋ」（NO）、「ㄋㄨˋ」（NU）。

⑦轉完五圈後，兩手在胸前交叉，吸氣後如嘆氣般的發音「ㄏㄚˋ」（HA）。

練習③〔與努恩·A（請參照應用篇）的配合〕

①如圖⑫之ⓒ一般，左手向上，右手向下往兩側張開。

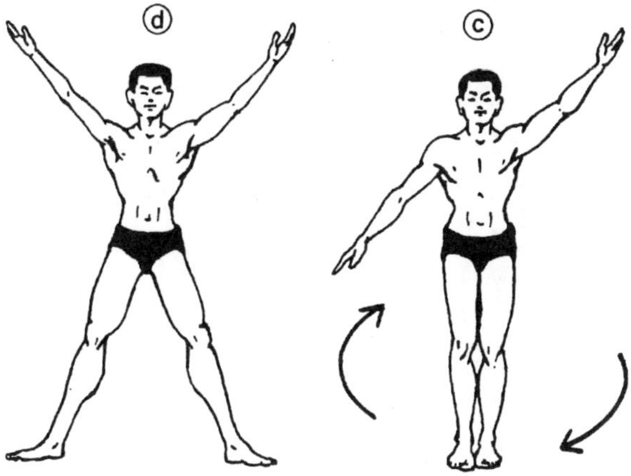

②深深的、慢慢的吸氣，手的位置不變，向右旋轉七次，旋轉的同時，一邊吐氣，一邊發音曼托拉「ㄚˋ」（A）。

③旋轉七次後，與前項練習一般，雙手在胸前交叉，吸氣後，如嘆氣般發音「ㄏㄚˋ」。

練習④（與努恩・吉柏（請參照應用篇）的配合）

①如圖⑫之ⓓ一般，兩手和兩腳儘量大幅度的打開，全身形成X的字形，這時暫不迴轉。

②深深的吸氣，想像著體內的能力充斥，不斷從右手傳到左腳、左手傳到右腳，如此交叉傳送。

③一邊吐氣，一邊發音「ㄍㄧ——ㄅㄡˋ——ㄌㄨˋ」，每一個母音（ㄧ，ㄡ，ㄨ）都要拉長。

④再一次吸氣，發音「ㄍㄧ——ㄅㄡˋ——ㄌㄨˋ」。

⑤同樣的情形，重複發音七次曼托拉。

練習⑤（與努恩・曼（請參照應用篇）的配合）

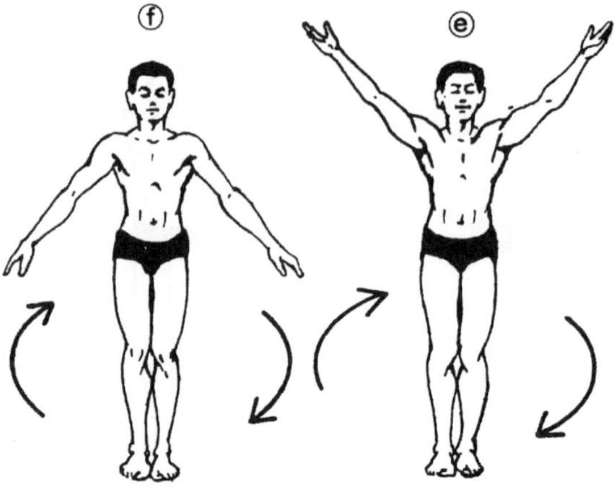

①兩脚併立，如圖⑫之ⓔ，兩手高高舉起，手掌向上，如同要接受從宇宙來的能力般。

②深深的吸氣，然後向右旋轉，一邊發音曼托拉「ㄚ——ㄇㄨˋ」（A—M）。

③旋轉一次後就停止，再次吸氣，然後發音「ㄟ——ㄇㄨˋ」（E—M）後，再度旋轉。

④同樣的情形，每旋轉一次後就更改曼托拉，依序發音「一——ㄇㄨˋ」（I—M）、「ㄡ——ㄇㄨˋ」（O—M）、「ㄨ——ㄇㄨˋ」（U—M）。

⑤共旋轉五次後，兩手在胸前交叉，吸氣後再如嘆氣般大聲發音「ㄏㄚˋ」（HA）。

這個練習對開發查克拉有很大的幫助。

練習⑥（與努恩・涕爾的配合）

①如圖⑫之ⓕ一般，打開雙手如雨傘狀。

②接著深深的吸氣，一邊發音「ㄊ一ˋ——ㄦˇ」（TIR），一邊向右旋轉七次。

③完畢後，兩手在胸前交叉。再次吸氣後，如嘆氣般吐出「ㄏㄚˋ」。

練習⑦（結束的努恩・哈軋）

①開始如圖⑫之ⓖ一般保持直立的姿勢，然後雙手慢慢舉起，與肩膀成一條線，此時手掌向前。

②深深的吸氣，向右轉七次，同時發音曼托拉「ㄏㄚˋ——ㄍㄚ」（HAGAL）。

③旋轉七次後，再實行儀式Ⓐ，配合七個努恩的哈軋練習就完全結束了。

ⓖ

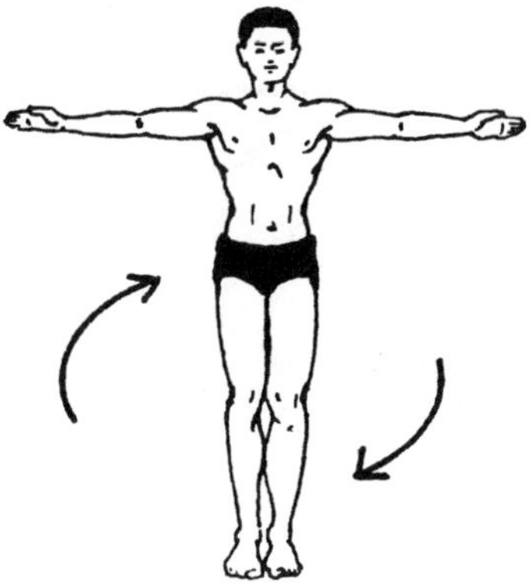

這個練習尤其可刺激乙醚活動，也可喚醒前世的記憶。有心開發此種能力者，不妨實行之。

努恩・哈軋由以上的七段練習構成，每天只要實行一次，就代表了地球沿著太陽的黃道面繞完一周十二個星座。同時也是這一年全部努恩練習的總整理。

這個偉大的努恩・哈軋可吸收所有的能力，作爲防禦之用也很有效。

二 活用潛在能力的五種努恩計畫（應用篇）二

在這裡所提出的五種努恩計畫是在前面介紹過的年間進度表外，可以依照自己的需要隨時插入練習。因為它擁有將性能力引導至正確方向的獨特力量，所以假如你在實行性能力昇華時出現某種問題，就可以實行這種練習；或者發生了必須貫注全副精神的緊急事件，而你卻焦躁不安，無法定下心來時，也可以活用這個努恩。肉體上的功效自不待言，即使精神需要充電時也可應用。

以下為各位介紹的五種練習其效果各自不同，因此必須了解自己所處的狀態，以及修行的程度，加上心理問題的把握後，才去配合比較恰當。

努恩・曼適合於人類最偉大的能力——性能力昇華時來使用，別稱為「北歐式」。又，努恩・曼與努恩・伊魯是一組練習，因此為了在性能力昇華的同時，也能夠根絕自己的自私，可以將兩者配合使用。

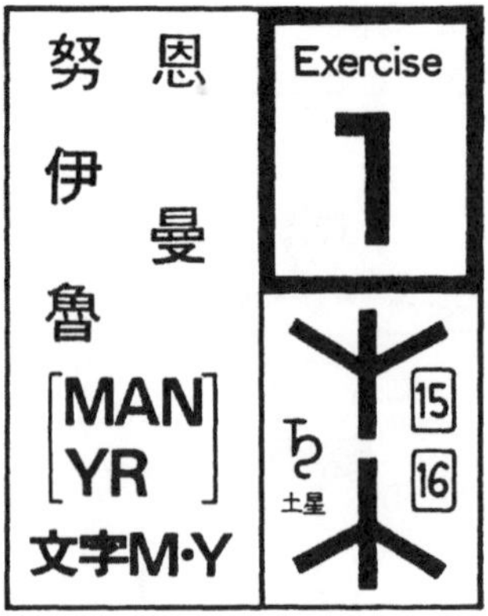

●努恩・曼（MAN）、努恩・伊魯（YR）

練習①（努恩・曼）

①保持身體直立，兩手高舉，手掌向上打開，如圖①之ⓐ般。

②深深的吸氣，發音「ㄚ——ㄇㄨˋ」。在吸氣時要想像著光沿著薦骨的位置，經過脊椎骨，再上升至腦的狀態，隨著曼托拉的發音，把到達腦部的光引導至心臟。

③再次吸氣，發音「ㄟ——ㄇㄨˋ」。

圖①
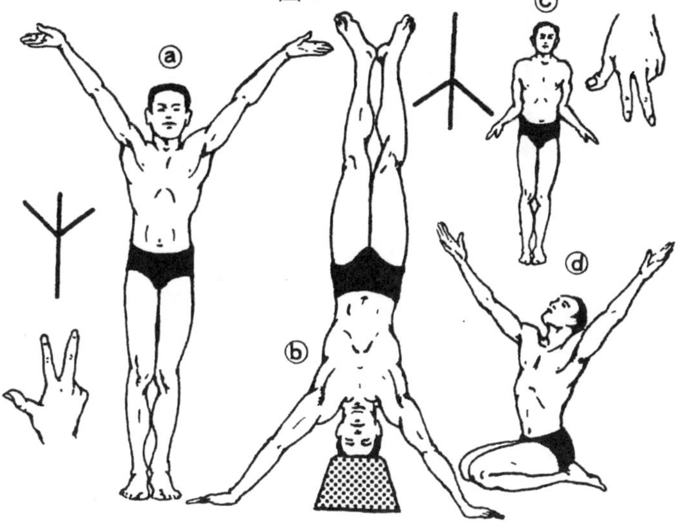

④同樣的情形，連續發音「一——ㄇㄨˋ」、「ㄡ——ㄇㄨˋ」、「ㄨ——ㄇㄨˋ」。

⑤最後實行完Ⓐ的儀式後即可結束。

練習②〈努恩・伊魯與努恩・曼的配合〉

①做完努恩・曼之後，如圖①之ⓑ一般，以倒立的姿勢，形成努恩・伊魯的型態。頭部可以墊著枕頭，兩腳也可以靠著牆壁來支撐，如果這樣仍然無法辦到，也可以改成如圖①之ⓒ般的姿勢。

②保持此種姿勢約一分鐘，同時發音曼托拉「ㄉㄜˊ——ㄉㄧˋ——ㄇㄨˋ」。

③接著做可強化性能力昇華和根絕自私弊病的祈禱，姿勢如圖①之ⓓ一般，由原來努恩・曼的型態跪下，將全身力量放在兩腿上，稍稍扭轉身體，雙手往斜上方打開，作出祈求的動作。

④祈禱時兩眼不可張開，將意志集中在心臟的部位，如下吟誦出祈禱文：

「噢！諾特，永遠存在宇宙的祢，靈魂的本源啊！祢才是所有的一切，生命終將歸於死亡的人類永遠都無法揭開祢神秘的面紗。祢閃爍在夜晚燦爛的星空之中，同時也遨遊於廣濶無垠的沙漠之上，我以至誠的心來呼喚在蛇焰中昇華的祢，祈求祢，請祢來到我這裡！請祢來到我這裡！請祢來到我這裡！」

⑤保持這樣的姿勢祈求聖母的援助，幫我們消除對我們有不良影響的自我。只要是出自內心眞誠的祈禱，以什麼文句都無所謂，可以自由發揮，隨著自我的反省一起來作奉獻、祈禱。

⑥最後恢復自在、正坐的姿勢，為了穩定心情，使呼吸恢復一般的節奏，可以先做短暫的冥想，然後發音「ㄡ——ㄇㄨˋ——ㄇㄚˋ ㄙㄧˋ——ㄆㄚˋ——ㄌㄡˋ——ㄇㄚˋ ㄧㄡˋ——ㄇㄨˋ」後即可結束此練習。

Exercise 2

8

努恩 耨特

[NOT]

文字N

●努恩・耨特

努恩・耨特（**NOT**）所代表的是宇宙無限的正義，因此我們使用這個努恩來呼喚法的審判，請求它原諒我們曾經犯下的過錯，或赦免自己的罪惡。

練習

①右手向上，左手向下打開，如**圖②**般的角度。

②接著以發自內心的敬意和悔意來做深深的吸氣，發音曼托

圖②

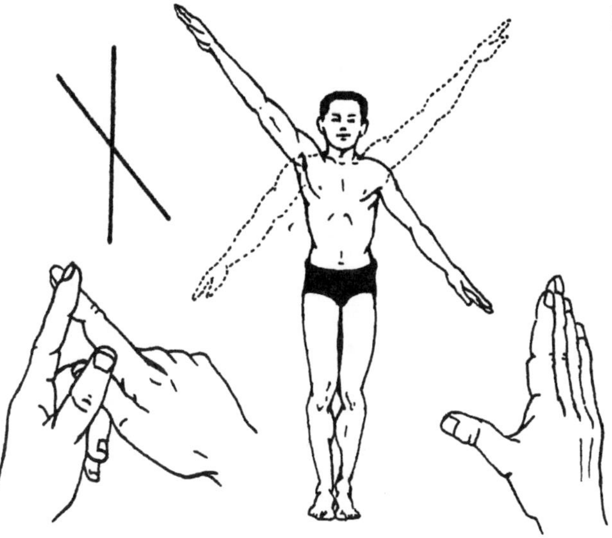

拉「ㄋㄚˊ」（NA）。

③然後交換右手和左手的位置，一邊吸氣，一邊發音曼托拉「ㄋㄟˋ」。

④同樣的情形，再度交換雙手的位置，一邊吸氣、一邊連續發音「ㄋㄧˋ」（NI）、「ㄋㄛˋ」（NO）、「ㄋㄨˋ」（NU）。

⑤以上步驟共反覆三次。

⑥練習完畢後，雙腳跪地，兩手在胸前交叉（右手在上）請求原諒，發誓永不犯第二次錯誤。

⑦祈求赦免罪惡時，一定要加上「**根據聖法**」這句話。

⑧最後實行儀式Ⓐ後即可結束。

不論是請求原諒過錯或赦免罪惡時，務必心誠意專的說出來才是最重要的。

●努恩・吉柏

努恩・吉柏（GIBOR）是衆神的象徵；意味

Exercise 3

努恩 吉柏

[GIBOR]

文字G

♋ 18

火星 ♂

著萬物的開始和結束；同時亦是鍊金術的化身，也就是性能力。因此可使意識眞正甦醒。

練習

①如圖③之ⓐ般，單脚跪地，上身保持挺直（利於性能力通過），右手向前自肘部彎曲立起，腕關節處則平放，左手向後傾斜與頭部成一直線，以全身來表示努恩・吉柏的型態。

②接著連續發音三次曼托拉「ㄍㄧ——・ㄅㄡ」、「ㄍㄧ——・ㄅㄡ」、「ㄍㄧ——・ㄅㄡ」（GIBOR）。

③保持同樣的姿勢吟誦以下的祈禱文：

「但願一切能化整爲零，也能化零爲整。吉柏

圖③

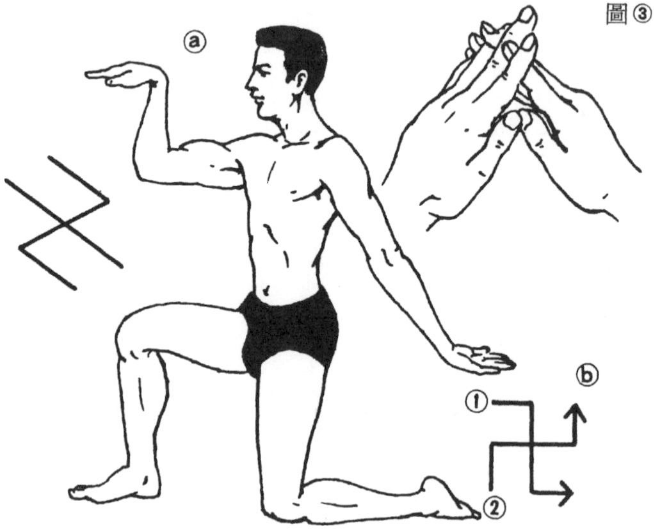

，萬物之父啊！請祢讓我跟隨祢，我願生生世世侍奉我父，在基督的聖名下，請祢引領我歸回宇宙永恒的家。」

④到此為止，定為一週期，重複進行三次。最後再以儀式Ⓐ來結束整個練習。

努恩・吉柏也有驅逐惡魔的作用，這時可以利用手指在空中描繪如圖③之ⓑ般的形狀。同時發音火之音「SSS」（ㄙˋ ㄙˋ ㄙˋ）。

●努恩・蠟付

努恩・蠟付（LAF）賦有救世主和變動的涵義。且必須在每月廿七日的上午前實行，因為這一天是陽光之日，太陽會散發出有益的能力來。

練習

①面向太陽的位置，身體靜立不動。接著如圖④般慢慢將兩手略為抬起，這時，手腕以下要下垂。

②一邊懇求救世主給予精神上的援助，只要辭句真誠、虔敬，內容如何都無所謂（最後不要吟誦出聲，而在腦海裡默禱），然後深深的吸氣。

③接著一邊吐氣，一邊發音曼托拉「ㄌㄚˋ——ㄈㄨˋ」七次，這時應該會感覺能力充滿了全身。

④完畢後，實行感謝的儀式[A]。

●努恩・欸

努恩・欸（EH）代表著希望之星和崇高的理想，要達成建設性的理想時，必須實行這個努恩，它會讓你純粹的思想結晶，引領你到理想實現的境地。

努恩
欸
[EH]
文字E

Exercise
5
17
双子座
♊

練習

①身體直立，左手向上斜展，右手向下，如圖⑤之ⓐ般，或左手向上，右腳向外張開，注意腳尖不可觸地，如圖⑤之ⓑ，可任選一種。

②將你的理想放在心中，發音曼托拉「ㄟ」（EI）

圖④

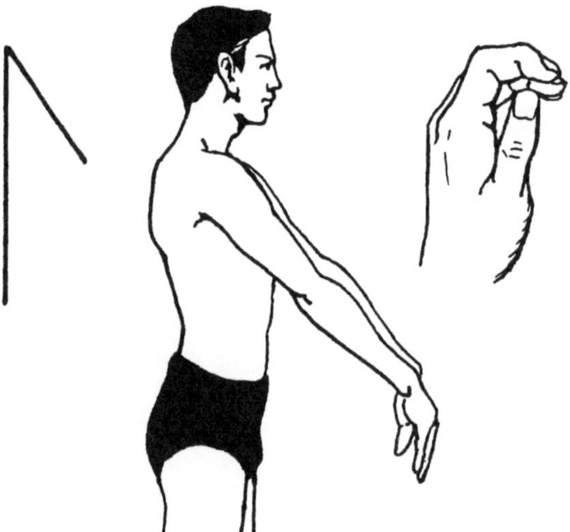

七次。

③完畢後，實行儀式Ａ。

圖⑤

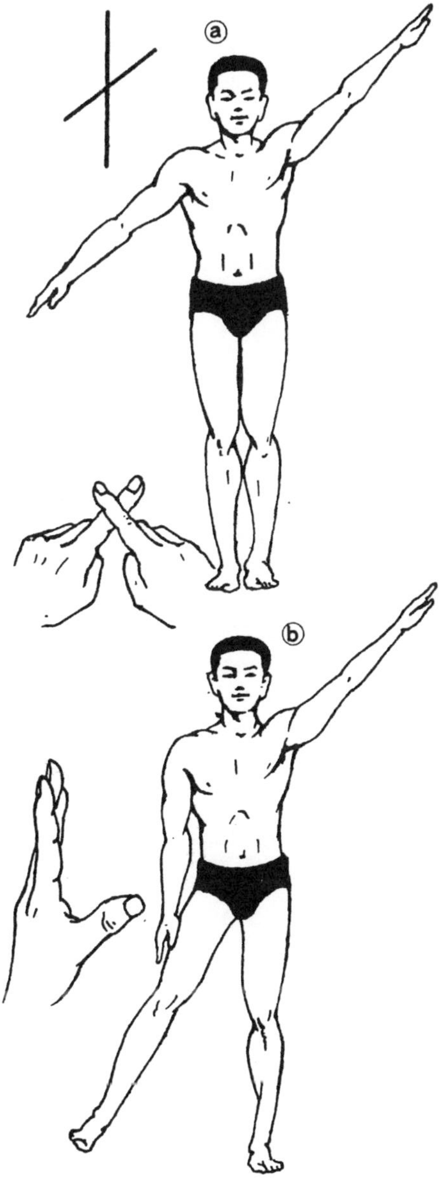

第六章

西藏式秘法——返老還童練習

〓聖地喜馬拉雅山中神秘的寺院〓

在西藏的內地——喜馬拉雅山中，到如今仍然埋藏著許多不可思議的謎。這裡隱藏著不少為達到某種程度的修行者所準備的秘密的寺院。

在那裡，那些已經到達衆神領域、昇華至高次元境界的主人們，有時以肉體、有時以幽體出現，來敎導修行者性能力昇華的秘法。

不過，能進入那些寺院的人却很少，只有那些通過考驗、為寺院主人所認同的修行者，才能親眼目睹寺院的存在。而對於他們在其中種種的情形他們多半不會透露，這也是為什麼西藏式秘法會如此神秘的緣故。

這些傳統而古老的寺院是屬於喇嘛敎的寺院，同時也被稱為「返老還童之泉」或「青春之泉」；自古以來，一直是修行者憧憬之聖地。傳說中那裡保存著返老還童的秘法，其間的喇嘛僧們幾乎都超過一百歲了，看起來却頂多只有三十～四十歲，隨著時間的流逝，他們只會更年輕；到達某一境界後，就可以永遠與宇宙同在、與衆神共遊，成為不朽的靈魂。本章所要介紹的練習就是在那些神秘的寺院中所實行的秘法之一。

這個西藏式練習的目的著重於靈的進化，因此，我們把重點完成放在進化的基礎、肉體的健

康、靈的純化以及後面所要說明的電渦的活性化方面。不過，還有一個比這些都要偉大的效能，那就是「返老還童」秘法，也就是長生不老。

練習返老還童和長生不老的效果會補救生理和心理的老化，達到靈的純化。爲了要完成靈的進化所需要的修行時間，可以在這些練習得到充分的供應；而由於性能力昇華，肯拉尼里會上升到腦部的查克拉，開發這些查克拉所需要的時間，或爲了轉變命運而行善行以積陰德所需要的全部的時間，都可以由這些練習中創造出來。

三使電渦活性化以吸收莫大的普拉拿三

那麼，究竟要如何才能完成這個返老還童的秘法呢？以下就針對這個過程、構造爲各位說明。

在人體中有七種查克拉，但在西藏式練習中所要應用的要素是普拉拿（精力和生命力），和刺激普拉拿的電渦。電渦同查克拉一樣有七種，跟所有的生命器官都有密切的關係，因此，只要讓它們活性化，就可以爲我們的肉體引進大量的普拉拿，從而增加旺盛的精力、賦予更活躍的生命力。

這個練習主要的作用就是使這七個電渦活動，如此我們就可以返老還童、長生不老。

七個電渦的簡介如下：

第一個電渦位於後腦部，爲了使生命力進入體內、它擔負著如同門一般的任務；第二個電渦

位於前額，也具有相同的作用。

如果使這二種電渦快速的旋轉，就會爲我們體內吸收莫大的普拉拿進入，使所有的器官年輕化；同時也可淨化血液，使氧氣和營養份都能迅速的送達我們體內的任何角落。

第三個電渦位於喉頭部，與聲音的振動有關；所有的曼托拉都可使這個電渦活動，太高或太低的聲音則會造成反效果，抑制這個電渦的機能。

輕鬆的慢唱快樂的曲調時，也可使位於喉頭的電渦活動。如歌劇般正統的唱法由腹部發聲是很好的，因爲它刺激喉頭的力量比一般的發聲更強，電渦的旋轉速度也就跟著加快，因此那些以正確的發聲法來唱歌的歌手所以能永遠保持年輕的原因也在此。

第四個是位於前列腺的電渦，在那裏滙集了很多精力是各位都很熟悉的性能力，如何正確的使這種能昇華，你的人生會因而完全改觀，它可以將我們提升到衆神的領域。

這個位於前列腺的電渦與前面提過的第三個電渦彼此間有很密切的連繫，它們共同主管我們肉體的健康。

第五個電渦位於肝臟附近，使這個電渦活性化，就等於使體內所有的器官都順利的運作。肝臟擔負著排出體內殘留的毒素的任務，如能使它發揮正常的功能，再加上利用其他練習所吸收的能力，我們的身體可說是宇宙絕佳的創造物。而這一切就有賴於這一系列電渦有效的活動了。

第六和第七個電渦分別位於左右兩脚的膝蓋。這裡是地球的電磁場和天空的電能力交叉作用

的所在，由於這二種電能的均衡狀態，才能確保我們精力的源源不絕；也由於這二個電渦的活性化，才能提供肉體和幽體雙方予良好的影響，使你無論在現實中的存在或冥遊異次元中的幽體都能保持最佳的狀態。

〓由思想的集中促進內臟的年輕化〓

只要讓這七種電渦充分的活動起來，就能擺脫以往衰弱頹廢的形像，擁有薔薇色的雙頰和流動閃爍的雙眸，經常充滿了希望和熱愛；對未知的探索和困難充滿挑戰精神；對中心信念的堅定不移和不妥協，無時不處在人生的頂端、傲視群倫。

在這個練習中所使用的曼托拉大部分都具有治療效果；不止是肉體上的，甚至連精神上的疾病也都能發揮它的療效。因此在發音時一定要抱著堅強的決心。

與其他的練習相同，西藏式的練習法和動作都很簡單，但決定成敗的關鍵却是虔誠的信念和貫注的意志力，這也是所有練習的共同點。如果在身體作動作的同時，腦中浮現的盡是一些不相干的雜念，不論是實行性能力昇華、努恩練習或即將介紹的西藏式練習，都不會得到任何效果。

因爲這不僅是爲了肉體上的運動，而是利用肉體的動作來讓電渦這種無形的存在活動起來。不論是電渦或查克拉，都不是有形可視可觸的，而是只有靠著超視覺和想像力才能探知的存

在；想要讓它活動，就必須從另一個層面來刺激它才行。

實現靈的進化和年輕化的練習共有七個，每個練習都具有以下三項特徵：

- 肉體的動作
- 想像力（心的使用方法）
- 對靈魂的祈禱和曼托拉

能夠全力按照以上三點來實踐，雜念就不會進入我們的心中。

這個練習是以「祈禱」爲首要因素，是關鍵所在。因爲只有祈禱才能引出潛在我們深處的清淨的心和不服輸的堅定意志，如果不經由祈禱的過程，也許你一輩子也不知道自己原來有如此美好的一面。希望你能向你的靈魂奉獻祈禱，使練習成功。

＝練習一〔以十字架的交叉狀態讓能力滙集〕＝

①面向東方站立，腳跟部分併攏，同時將兩手在胸前交叉，注意右手務必在左手之上。（如圖①）

②以此種姿勢向自己內部的聖母肯拉尼里奉獻眞誠的祈禱。祈禱的內容如下：

★聖母呀！請祢使我的電渦活動起來，請祢讓大量的普拉拿充滿著我的身體！給我健康，給我活

圖①

圖②

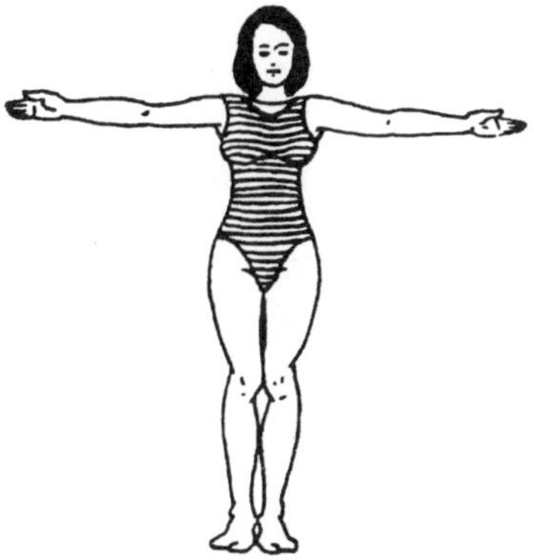

力！開發我的查克拉，並且在基督的名義下，實現我的希望！

③祈禱完畢後，雙手打開成水平狀，如此一來，整個身體就形成十字狀。由於採取這種姿勢，才會在體中產生能力的交叉，同時向著身體的深處、集中注意力去感覺，感覺在體中交會的能力。（圖②）

④保持這種姿勢，張開眼睛，由原地向右轉十二圈（順時鐘方向），儘量快速的旋轉。

旋轉的同時，繼續向聖母祈禱，這時電渦也會隨著旋轉，所以要強烈地想像著它的動態。如果剛開始覺得繞十二圈有困難，減少幾次也無妨，不過在以後的時間中，必須慢慢增加到十二次。

⑤十二圈都繞完後，恢復到原來向東的位置，採取如圖①般的姿勢停下來，必須在急速的旋轉中突然停下來。（如果會因搖晃而無法站穩，可以稍

微張開兩脚練習）

⑥停止動作後，眼睛要同時閉上，這時還會有暈眩的感覺，所以要把全部意識集中在一起，儘量努力使位於體內的另一對眼睛看到能力的流動或電渦以快速旋轉的模樣。

如果想要開發查克拉，也要集中想像著查克拉活動的情景。例如：欲開發超視覺時，就要將精神集中在眉間的查克拉，強烈的想像這個查克拉活動的情況。如此一來，由於這種想像的能力，間接的刺激了眞正的查克拉活動起來。

⑦如果身體內部已經沒有旋轉的感覺後，就可以張開雙眼。到此爲止定爲一週期。

本練習可以配合自己的節奏，喜歡做幾次就做幾次；也可以播放輕快悅耳的音樂練習。「費加洛婚禮」（莫札特歌劇曲名）的序曲是最適合這個練習的旋律，建議各位不妨試試看，相信你一定會有飄飄欲仙如羽毛般輕盈的感覺。

〓練習二（以「芝蔴，開門！」來與腦神經通信）〓

①在床上仰臥，脚跟併攏，兩手水平伸出，緊貼床面，使身體形成十字狀，手掌朝上張開（如圖③）以這個姿勢來向聖母祈禱：

★聖母呀！請祢協助我治療我的腦神經！

圖③

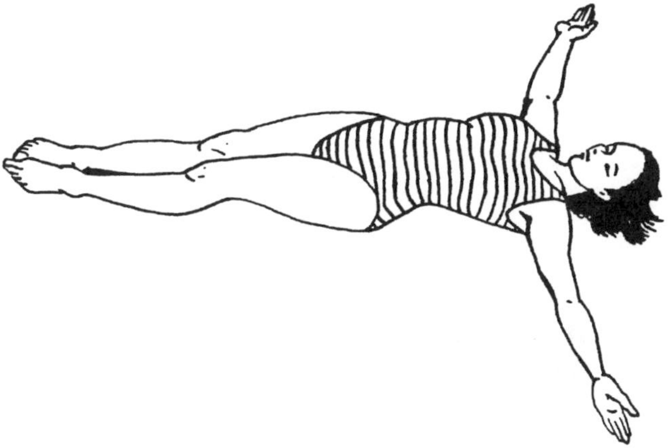

②接著闔起雙眼，以全部的眼力向著腦的內部巡視，一直集中精神到可以眞正視覺化爲止。

我們的腦神經會因日常生活中許多繁瑣的事而疲乏困頓，甚至使用過度而失常，保持它們的健康是當務之急。

③接著嘗試與腦通信，不止限於腦，也可以與我們體內任何器官通信。很多人也許連通信的念頭都沒有，下面的咒文，可以爲你打開溝通之路。

★芝蔴，開門！

由於這種單純的咒文，可以吸收應得的能力，使身體各部分的器官都舒展開來，準備接受能力的進入。

④如果腦神經有疲勞的現象，欲向那裏輸進能力，必須如下與腦神經通話：

★芝蔴，開門！請祢開啓我的腦神經／請祢接受這個生命能力的進入／希望你趕快健康起來／在基督

圖④

和佛陀的名義下／並且由於我仁慈聖母的協助／請你趕快健康！

然後想像整個腦被強烈的金色的光所包住，受到它的洗練，栩栩如生開始活動起來的情況。

這個「芝蔴，開門！」的咒文各位已經都耳熟能詳，但大多數人都把它當做一則饒富趣味的神話故事，沒有特別的注意。其實這個咒文在四次元的世界中非常有用，當你運用冥遊使幽體脫離，在異次元世界中碰到推不開的門時，只要唱出這個咒文就可以解決困難。

⑤橫躺在牀上，高舉兩脚，一直到兩脚與上身呈垂直的狀態爲止；然後兩手掌置於膝蓋後，以支撐著脚的重量。（圖④）

接著想像能力從伸直的雙足進入身體的情景，同時想像那些能力抵達腦部，爲腦神經所吸收的模樣。如下所述可作爲各位想像時的參考：

★太陽能形成光之圓球從我的脚底進入，然後上升到膝蓋，接著以快速、連續的旋轉上升到腦部，同時一邊旋轉、一邊朝著腦細胞貫注能力。

這種想法也許剛開始時不能產生任何作用，無法具象化；但只要每天持續不斷，隨著練習次數的增加，自然而然地就能感覺到那股活動的力量。

⑥以如此的想像，一邊集中意志力，一邊吟誦出如下的曼托拉和祈禱：

★芝蔴，開門／請讓我接受能力／ㄍㄚˋㄟ　ㄍㄚˋㄟ／ㄚˋㄟ　ㄍㄚˋㄟ／ㄚˋㄟ　ㄍㄚˋㄟ／ㄍㄨㄈㄨˋ／ㄍㄨㄈㄨˋ／ㄍㄨㄈㄨˋ／恢復健康吧！神經元／趕快強化起來吧／請你接受知識之光的洗禮／在基督的名義之下／實現我的願望

⑦完畢後，慢慢放下雙脚，以同樣仰臥的姿勢將兩手在胸前交叉（如圖①的形狀）。這樣就可以將吸收進來的能力永遠保存在自己體內。

在心中向聖母表示由衷的感謝。爲了感覺自己的腦神經已經完全恢復健康，應該短暫的冥想一下。

〓練習三（以呼吸法和祈禱來產生愛的力量）〓

①面向東方，兩膝跪地，只要保持這樣的姿勢就可以促進膝部電渦的活動；同時兩手在胸前

交叉。（如圖⑤）

②以同樣的姿勢上身稍微向前傾斜，實行以下所介紹的呼吸法各三次。

在這個呼吸法中只要使用右手的食指和拇指，其他的部分絕對禁止使用。左手放在太陽神經叢的位置（肚臍）。

〔呼吸法〕（圖⑥）

ⓐ以食指緊壓左鼻孔，從右邊的鼻孔慢慢的吸

圖⑤

圖⑥

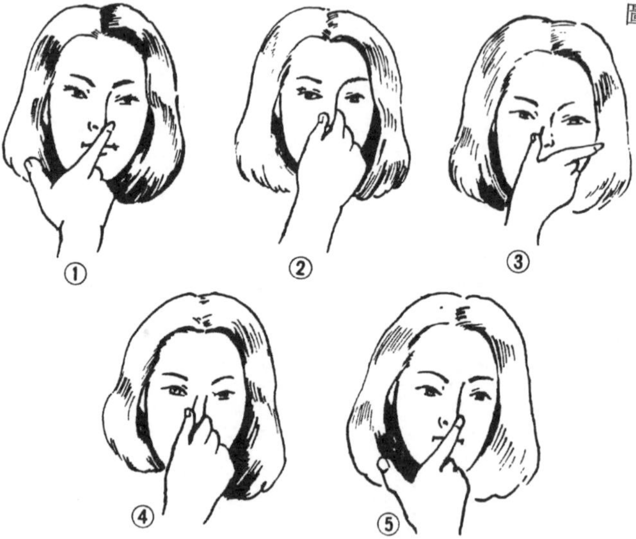

圖⑦

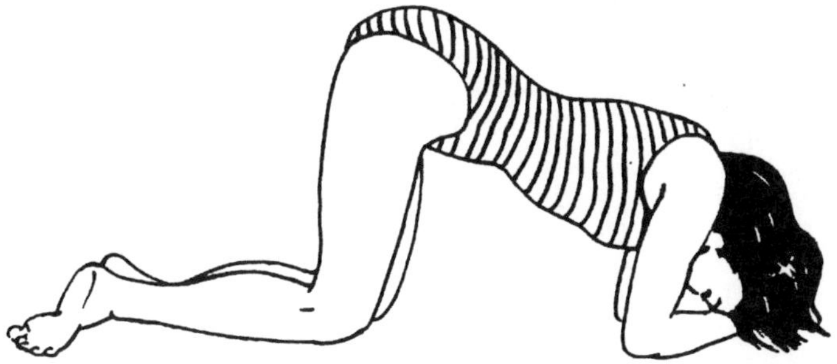

氣，接著以拇指塞住右鼻孔，暫時停止呼吸。

ⓑ待忍耐不住時，才將食指放開，從左邊的孔吐出肺部所有的廢氣，吐完後，同樣的鼻孔慢慢吸足空氣。

ⓒ感覺吸足空氣後，再以食指壓住，停止呼吸。保持幾秒鐘，等到忍耐不住時，才放開拇指，從右邊的鼻孔吐氣。全部吐盡後，再以相同的鼻孔吸氣，如此反覆進行。左邊和右邊加起來算一次，共實行三次。

依這種方法可淨化體內所有的氣道。

③實行完呼吸法後，就依照原來跪著的姿勢，上身向前臥倒（身體不可觸地），將額頭置於雙手附地的位置，深深的叩著頭，如同五體投地般的姿勢。（圖⑦）

接著開始奉獻祈禱，向聖母懇求接受你的願望，乞求祂使你的願望得償。祈禱文的內容可自定。

圖⑧

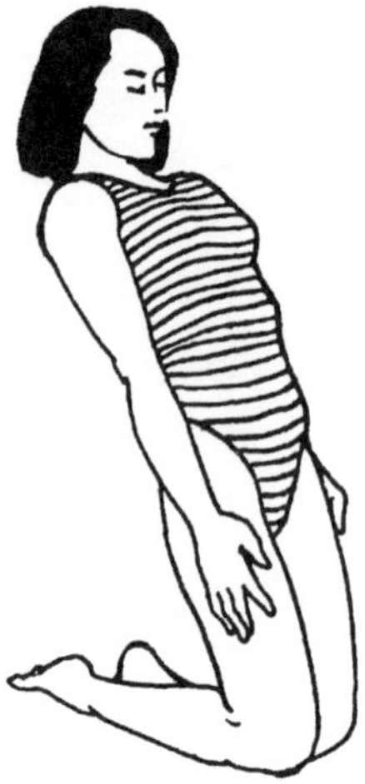

④祈禱完畢後，恢復原來的姿勢，同時將上身向後傾斜，注意使頭部、上半身、大腿部成一直線，儘量向後仰，兩手放在大腿側。（如圖⑧）

⑤保持如此的姿勢來祈禱，尤其對強化心臟有特殊的功效，然後依如下祈禱：

★聖母呀／請祢幫助我的心臟，芝蔴，開門／ㄡ——ㄣ／在大日如來的名義下／請實現我的願望

這個「ㄡ——ㄣ」（ON）的曼托拉對於開發位於心臟附近的查克拉最有效，想要獲得直觀力的人，不妨將意識全部集中在心臟的查克拉上，數次吟誦這個曼托拉。

⑥一邊祈禱，一邊如下想像：

★火焰般燃燒著、光輝奪目的太陽發射出清淨又明亮的光芒，這個光芒由太陽神經叢進入了我的身體，上升到心臟。這道光芒把心臟緊緊裹住，不斷強化它，給予它愛的力量。

這時必須強烈的想像著愛的力量充滿了全身，一邊唱著：

★愛、力／愛、力／愛、力

⑦把所有吸收到的能力保存在體內，兩手在胸前交叉，採取圖①的姿勢（如圖⑤），同時向

圖⑨

聖母表示感謝。

＝練習四（以桌子的型態將邪惡趕出）＝

①雙腳向前伸直坐地，上體向後傾斜，採取兩手向後支撐的動作（如圖⑨），這是非常輕鬆的姿勢。

保持同樣的姿勢，將意識集中在聖母肯拉尼里上，請求祂的協助。這時祈禱內容可以按照自己的靈感發揮，儘量採取詩的表現方式。每次可變換不同的方式，經常使自己的意識保持非常清醒的狀態。

★聖母呀／請祢永遠引領著我、眷顧我，賜給我神聖的光／祢的聖袍包裹住佈滿夜空中閃爍不定的星辰／但願那些星光的能力能進入我的體內／但願那星光使我更健康／在佛陀的名義之下／請讓祢的愛將我改變

圖⑩

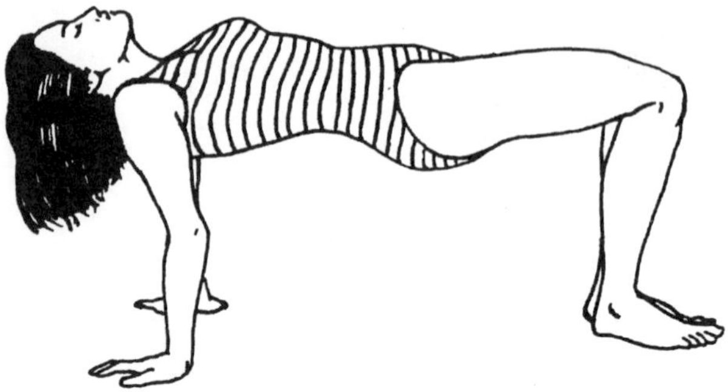

②祈禱完畢後，保持同樣的姿勢。慢慢抬高腰部，就像你的肚臍連接著一條線，而那條線正被拉起一般，將你的腰部、上半身整個提起，使上身、腰部、大腿部成一直線，只以雙手、雙脚來支撐整個身體的重量，也就是形成桌子狀，面朝上方。（圖⑩）

③以這個姿勢來跟心臟通信，此動作特別有強化心臟、胃部、生殖器、卵巢等效果，對返老還童術也提供有力的協助。又位於挺起如桌面般的身體上方所有的器官也會跟著強化。想像著太陽神經叢接受到溫暖又慈愛的光，同時對自己希望強化的器官通話，並祈禱：

★芝蔴，開門！我的脾臟呀／請接受這個偉大的能力／細胞呀！請你快快年輕起來吧／用你所有的力量來強化我的肉體吧／使我能夠完成一件件偉大的工作／肉體啊！請你年輕起來吧／查克拉啊！請你

活動起來吧／危害我的消極、黑暗的力量啊！快快遠離吧／ㄎㄨㄉㄧˋ／ㄎㄨㄉㄧˋ／ㄎㄨㄉㄧˋ／在衆神的名義下／希望我能擁有一個完全健康的身體

這個「ㄎㄨㄉㄧˋ　ㄎㄨㄉㄧˋ　ㄎㄨㄉㄧˋ」的曼托拉是在印加文明中所使用的咒文，也是爲了驅除某些惡魔而用。

在我們所有的器官中，胃和脾臟是最容易受到來自外界消極的力量影響的部分；例如受到壓力時，胃部就會不自覺的痙攣或失去食慾。但另一方面，這也是我們吸收養分、貯備健康、強韌的體力來應付挑戰，渡過時時競爭的人生，應該經常保持最佳狀況的器官。所以務必防止任何消極的力量進來，同時也要把已經進來的壞東西趕走。

如果覺得心情煩悶、無來由的沮喪、持續性的情緒低潮或想發怒時，可以唱出以下的祈禱和曼托拉，它會爲你驅除這層籠罩在你心中的陰霾：

★聖母呀／請你淨化我的心吧／請你將這一大片烏雲驅逐吧／消極的力量呀！快快遠離我吧／ㄎㄨㄉㄧˋ／ㄎㄨㄉㄧˋ／ㄎㄨㄉㄧˋ／明朗的、開闊的心呀！請你甦醒過來／在特多拉·喀拉馬特的名義下／但願我充滿了奮鬥的力量

上述的祈禱文只要在心中默誦即可。想發怒或陰暗的心情都會在我們體內產生一股不利的力量，不但會傷害我們的精神，也會間接的影響我們的身體，所以必須盡速將它驅除。爲了長久保持快活、輕鬆的心境，和充沛的精力，希望大家能活用這個曼托拉。

圖⑪

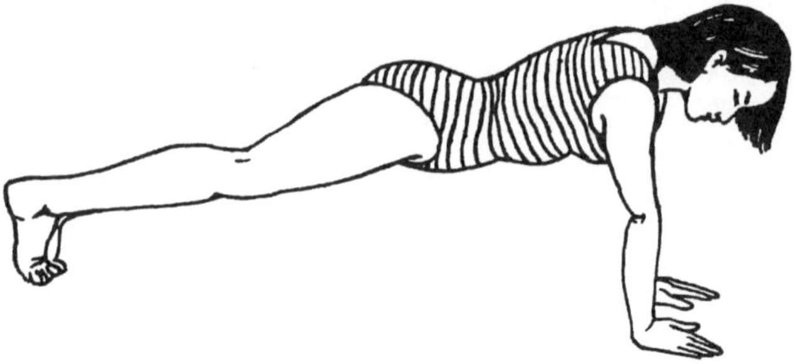

④保持這種桌式的姿勢直到不致使身體感到勉強的範圍內，然後慢慢恢復原來的姿勢。手不要放在後面，而在胸前交叉，暫時將眼睛閉起，利用存在於我們內部的另一對眼睛（想像力）看著那已經開始活動起來的脾臟。這時千萬不可忘記向聖母表達敬意和謝意。

〓練習五〔以金字塔的型態使腦活性化〕〓

①兩脚跪地，實行在練習三所做過的呼吸法三次。

②接著採取蜥蜴般的姿勢，兩手著地，打開的幅度與肩膀同寬，身體伸直、脚尖也要著地，好像要做伏地挺身一般。注意使頭部、上身、腿部成一直線，腹部挺起，不可觸地，以兩手和脚尖支撐。（圖⑪）

圖⑫

③保持這種姿勢一段時間不動，然後把意識集中在聖母的祈禱，祈求經由這個練習使我們強化。這個動作對肝臟和背骨的強化最有效，因此位於肝臟附近的電渦會加速旋轉起來，同時也要想像背骨自然伸直的情景。

脊椎骨是身體的支柱，也是聖母肯拉尼里上昇至腦部的通道，因此不可歪斜，儘量保持挺直。

④以相同的姿勢慢慢將腰部提起，變成金字塔的型態，一邊吐氣，一邊進行。腰部儘量抬高，脚底與地面密合，臉垂放在可以看到脚尖的位置，背部和頭部成一直線。（圖⑫）

以這個姿勢來祈禱。親密的對自己特別喜愛、能力特別強的器官通話，儘量努力與它們溝通。

據說這個姿勢是人的拱廊，經由此處，可以往腦部輸進血液，使血液循環的功能增強，又可以淨化腦和細胞。祈禱文如下：

圖⑬

★芝蔴，開門！我的腦細胞呀／願你們都能吸收莫大的普拉拿／但願我的血液得到淨化，而腦細胞都活躍的作用／呼吸啊！請你盡情旋轉繞動吧／讓我的腦細胞更年輕／在約翰特的名義之下／開發我的自信心／使我更健康／ㄎㄚㄉㄨㄊㄡˋㄅㄨˋ／ㄎㄚㄉㄨㄊㄡˋㄅㄨˋ／ㄎㄚㄉㄨㄊㄡˋㄅㄨˋ——

⑤接著再變換爲眼鏡蛇的姿勢，一邊吸氣，一邊進行。

從金字塔的形態慢慢降低腰部，移動上半身，使身體變成弓箭形，然後抬起頭來，如眼鏡蛇般的姿勢。儘量努力使身體彎曲，以脚尖觸地。（圖⑬）

⑥一邊吐氣，一邊慢慢的恢復爲④之圖⑫的金字塔形。在這段時間內，必須不斷向聖母祈禱，同時誦著如下的曼托拉：

★ㄚ——／ㄚ——／ㄚ——

這是可以淨化肺部的曼托拉。將全部精神集中

在肺部，好像要用曼托拉的振動來包住整個肺部一般；因爲它擁有喚醒前世記憶的力量，所以只要自己使用正確，並且準備妥當，一定會喚回前世記憶。

⑦以原來金字塔的姿勢，脚向前踏出幾步，使大腿能緊貼著下腹部，然後輕鬆的站起，站姿筆挺。兩手在胸前交叉，同時向聖母表達衷心的銘謝，最後確定一下腦部是否很清醒、很靈活，即代表練習成功與否。

到此爲止，第一個週期結束，如果尚有餘力，可以再進行一或二次，只要按照自己的能力而爲。但經常要保持實行的熱誠、不怕挫敗的勇氣和集中的意志力去實行。希望大家有一個認識：不管你實行了多久或多少次都不如一次全神貫注的練習。

再者，實行的速度太快也不好，最好以穩定、緩慢的節奏使練習本身成爲一種祈禱的儀式，發揮其最大限度的效能。

練習五對消滅肥胖的腹部最見功效，因脂肪堆積太多而隆起的腹部是最不適合於求道者的。

也許讀者中也有人有這樣的困擾，幸好你已經知道如何消滅它了，如果你的熟人中也有如此的情況，也請你轉告他，嘉惠大衆。

二練習六〈利用第三宇宙法則交換太陽和月亮〉二

①臀部靠著牆壁，兩腳緊貼著牆舉起，與上半身成直角，兩手自然地併攏於體側。（圖⑭）

②保持同樣的姿勢來祈禱：

★聖母呀／請你使我體內的太陽和月亮交換／讓太陽的光輝到達我的腦，開發出燦爛奪目的知性來／也讓月亮移到我的肚臍／但願在第三法則的名義下／得到它的幫助／只要是聖法允許的範圍內／使一切順利進行

圖⑭

這個練習的背後流傳著一個故事：人類被上帝從伊甸園趕出來時，月亮是在頭部，而太陽則位於肚臍，但這並不是很理想的狀態。因此，如欲成為一個完全的人，就必須將他們的位置互換才行。這個練習就是為了幫助你達到這個目的，變得如初生在伊甸園般完美。

而這一切唯有靠基督的援助才能完成。所謂第三宇宙法則即是指在宇宙中所存在的第三個神聖的物質，也是聖靈的力量（父、子和聖靈）、創造、連續、破壞，以及包含這三個原理所表現出來的一切；這是從破壞（死亡）中所帶來的重生的能力，

也是來自高次元世界的力量，祈求它的援助，就可以得到認同和助力。

③本練習對於返老還童的修行最具效果。開始時可以先做五分鐘，然後每天增加一分鐘，不斷地持續下去，經常在心中想像著細胞的年輕化。

實行的時間愈長，效果愈卓著（據說每天實行三小時的話，即能戰勝死亡，長生不老），但這並不意味著機械性的動作而心中却毫無感覺，必須貫注精神和想像力，並且毫無懈怠的進行，才能達到目標。

此外，尚可促進腦部血液循環，也有恢復視力的效果。

〓練習七（性能力昇華）〓

①身體直立，腳跟併攏著地，背部挺直。

②兩手斜放在肚臍的兩側，保持此種姿勢，手部自然地沿著往下垂，經過大腿後停在膝蓋的位置；上身也要隨著前屈，就如行深鞠躬禮一般。（圖⑮）

一邊彎曲身體，一邊吐氣，把肺部所有的廢氣吐光，待兩手到達膝部時，最好能完全吐盡。

③停止呼吸，使位於膝蓋的電渦開始活動，不斷繞動按摩膝部。

④停止呼吸，輕輕地上下摩擦大腿內側，接著移到性器繼續摩擦，如此即可刺激性能力開始

圖⑮

活動。

⑤待性能力開始活動後，就把上身抬起，兩手置於腰部，然後一邊吸氣，一邊讓性能力上升，要想像著黃金色的性能力沿著脊椎骨成螺旋狀上升的情景。

⑥性能力上升到腦部後，再引導它至心臟，發出明亮的光輝時，再一邊吐氣，一邊向前彎曲，如此反覆數次。

⑦在實踐中要不斷地向聖母肯拉尼里祈求援助。

★聖母呀／請祢讓它從薦骨的洞穴中出現、冉冉上升／請授給我偉大的力量，讓我在人的戰場上凱旋榮歸，進入高次元的世界／請賜給我突破任何難關的毅力和勇氣／在庫哩什那神（印度神話中）的名義下／依照衆神的意願／讓一切的願望能圓滿達成。

以上的七個練習不一定要全部實行，大體做過一遍後，再選擇二～三種最適合自己的練習即可。他們每一個都有使生命器官活性化的能力，只要針對自己最需要的器官，進行祈禱使它活性化。

或者有某種困擾你的問題發生時，也可以利用祈禱來解決。一旦你的靈得到進化，就表示神

已經接受你的請願，以祂愛的力量來協助你、眷顧你。

＝因由衷的祈禱而得到衆神的援助＝

實行過以上的七個練習後，你是否體會出一些心得呢？或許你已經覺察到其中的特點了吧！那就是在這些練習中最被重視的「祈禱」問題。

如果你摯愛的人將要死去時，你會怎麼做呢？萬一你遭到無可避免的打擊、橫逆時，你又該如何呢？是不是在不知不覺中向上天禱告呢？就像天眞無邪的稚子對慈愛的母親伸出無助的手，懇求道：

「神呀，請祢幫助我吧！

我衷心的祈求祢——」

這就是祈禱，出自內心、無須假借任何形式的言語。

祈禱並不是宗教團體的專利。

那麼，祈禱會發生什麼作用呢？那就是，孕育萬物生命，使世界誕生的偉大力量降臨在我們身邊。同時，依照各人想像的強度和清淨度，給予不同程度的幫助。這個練習就是要幫助各位活用這個偉大的能力到極限。

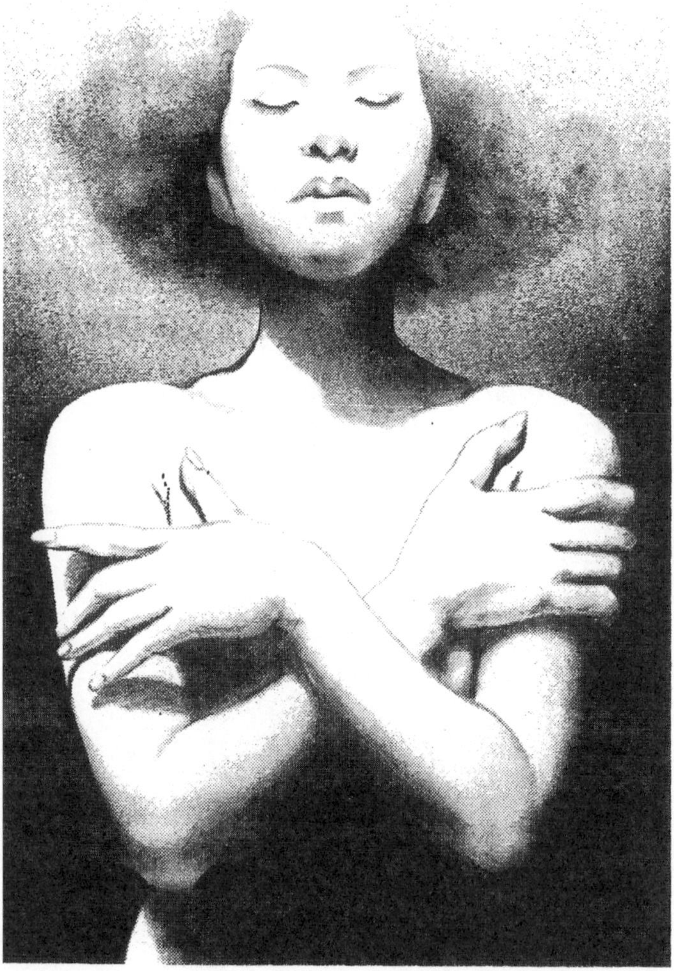

在祈禱文的內容中經常會出現某些特定的神祇的名稱，不論是基督或佛陀或任何宗教的衆神，只要是你所崇仰、信奉的，就可以請求祂們的幫助。

同時也必須向異次元的靈祈求協助，因爲擁有強大能力的不只是神，尚有其他的存在，爲了讓肯拉尼里順利的上升，把查克拉向好的方向開發，一定要求得高次存在的援助。這二項重點在祈禱中千萬不可遺漏。

=只要付諸行動、願望即可實現=

但這並不表示，你只要每天實踐練習、祈禱，問題就可迎刃而解，爲了實現願望，你必須躬親去行動、去努力，也就是說，將練習和祈禱時所得來的力量拿來解決你的困難，予以最大限度的活用。

爲了追求更完美、充實的生活，而致力於開發創造力的查克拉，一定會才智煥發、創意泉湧；依照這種感覺去行動，就好像某種東西在引領著你前進，爲你開路一般順暢，毫無阻礙。但要記住一個基本的條件——以自己的意志來引發行動。如果只是一味懶散，一定不會有任何發展，更遑論功成名就。

還有一個要點，那就是隨時檢視自己的願望，自問那是否爲出自內心的欲望？或是一時的虛

榮，亦或別人對你的期盼，而你並不企求的？同時也要反省自己的生活方式，例如：已經因爲靡爛頽唐的生活而傷害了健康，却要請求治療這回天乏術的受損部分，不啻是向已經有裂縫的水桶注水一般，只是徒勞無功罷了。

首先必須仔細審視自己的行爲、心理狀況，一發現錯誤，就要及時努力改正，一邊請求衆神的降福；如此一來，就可以得到你最迫切需要的幫助。

但黑魔法師則是不分好壞、正邪，只要有求必應，高次的衆神則不會允許邪惡的存在，這也是對衆神祈禱的重要理由。

祈禱還有更有效的實行方法，下一章我們就針對這點詳細說明。同時對於防禦會讓人陷入罪惡深淵的黑魔法師的方法，也要順便介紹一下。

第七章

抵抗肉眼看不到的敵人

二愈接近超人的境界、「攻擊」也就愈多二

以衆神爲目標，實行性能力的昇華，走在這條進化之路上，必須接受無數的試煉，也會遭遇許多阻礙。這條路絕不是平坦易行的，而是在我們面前展開戲劇性一般起伏不定的人生。

這齣戲從觀衆的角度看來，「主角」（也就是你自己）的心路歷程和未來的方向雖然不難推測，可是陷在漩渦中翻滾、掙扎的你，有時會感到迷惑，有時也會感到痛苦；這個痛苦的根源如果純粹來自內心的愁結，那麼可利用思考、學習來解決；但如果它是來自外在的攻擊，你就不能等閒視之了。你必須立刻籌措應對的方法，否則，歷經千辛萬苦所走過的那一段路都白費了。

本章要介紹給各位讀者的就是這個抵抗的方法，也就是防禦黑魔法和詛咒的練習。

你愈接近超人的境界，來自四面八方、各式各樣的攻擊也就多起來，這從另一種角度看也是相當自然的，因爲有太多的人不喜歡看到別人進步。

隨著你一天天接近超人的步伐，你的影響力的範圍也會跟著擴大，所以攻擊你的人也就愈多。對這些外來的攻擊加以抵抗是迫切需要進行的，同時必須經常自問以下二點：

①自己心裡是否與平常相同？是否有異樣的感覺？或經常對某些事固執己見，毫無妥協餘地？

②自己四周的狀況如何？是否接二連三的發生一些平常不易發生的怪事？

黑魔法的攻擊最巧妙的地方在於它不會讓人感覺有任何攻擊的行爲，同時也會使受害者意識受到催眠而不自覺；因此必須經常對以上二個問題加以確認。

這就是察覺黑魔法和詛咒的方法，以及應有的心理準備。還有一件事要特別小心，那就是對施行黑魔法的對方報復，這是毫無意義的。

如果隨便設定某個人爲敵人，這件事本身就已經意味著你陷入黑魔法的泥淖中了；即使你覺得有人對你懷著惡意也不能進行報復，因爲以牙還牙、以暴制暴的作法最終只會傷害到自己。對外來種種的攻擊我們只能採取防禦的守勢，就因爲這道防禦的牆，迎面而來的黑魔法和詛咒會自然而然地反彈回原來的地方去。

了解了這項防禦措施後，以下我們就來觀察一下黑魔法的攻擊究竟會以什麼具體的型態來進行。

〓攻擊的形式〓

如果你的生活中出現了以下的症狀，就應該懷疑是受到黑魔法的攻擊了：

①夢……惡夢頻繁的出現，尤其是夢見被人襲擊或有動作迎面撲來。夢是將我們肉眼無法看見的異次元世界中所發生的事件傳達給我們的方法之一，因此發出黑魔法的四次元中的事也可知

道。不過也有例外，當我們飽食後立刻上床睡覺，或滿懷苦惱就寢時，也會作惡夢。

②**苦惱**……在家庭、學校、工作場所等地與周圍的人接觸時問題叢生，朋友之間也因不能充分溝通、了解而頻頻發生摩擦。黑魔法會使被害者孤立起來，變成衆人的敵人，演變爲與所有人敵對的狀態。

③**事故**……在意想不到的狀況中突然發生事故，這毫無疑問的是最佳的攻擊手段。在完全沒有戒備的情況下，以你無法理解的方式使你因事故死亡或受到瀕臨死亡的重傷，抑或雖不是大事故，但頻繁的發生使你困擾不已。

所謂的意外事故並不專指交通事故，有時也會使你突然踩空了階梯滑下而跌斷骨頭、被火灼傷、跌倒以致腳踝扭傷等，都是不可預測的事故。

④**工作**……沒有任何原因，業績和工作情況就是不很理想。可能有人在嫉妒你的成就，故意妨害你，使你工作情緒滑落谷底，業績一落千丈。

⑤**戀愛**……對平常沒有好感的人突然被他深深的吸引，每天腦海中充滿的就是他的影像，好像被某種力量驅策著，自己無法控制自己的舉動。這時你會對心中浮起與那個自己原本不喜歡的人結合在一起的念頭，產生一種模糊的不安感來。

⑥**健康**……頻繁地受到病魔的侵襲，尤其是發生原因不明的疾病或疼痛，連醫生也診斷不出病因而歸之於精神上或心理上的因素所引起的疾病。

⑦**心理**……最典型的例子是感到自己不再是眞實的存在，經常發呆，空虛無助，像機器人一樣過著沒有感情的生活，行屍走肉般一點精神也沒有，對周圍的人和事毫不關心，行動後也不知道爲什麼要這麼做，或者根本不管後果如何。

除了以上幾點外，利用人偶來實行黑魔法時，特別會發生下面幾點症狀：

⑧**疼痛**……身體的某部分（特別是心臟）或數個部位經常感到疼痛，如電流衝擊般的痙攣，同時脚部或腦後帶有些微的疼痛感，而且疼痛的感覺愈來愈強。

⑨**貧血**……由於阻止身體吸收礦物質或使它變質，導致體內產生有機體的不均衡，因而成爲貧血症或全身衰弱無力。不過，一般的貧血也很多，不可混淆。

⑩**神經過敏**……沒有原因的陷入歇斯底里，對周圍的人變得相當神經質，經常有焦慮不安或易怒等症狀，此類感覺頻繁出現，很可能受到黑魔法的攻擊了。

⑪**警覺**……晚上臨睡時，突然感到有人接近，或一個人獨處時，也會聽到不可思議的聲音，或某種不可捉摸的形體在四周晃動，這可能是幽靈，也可能是黑魔法師的到訪。

⑫**惡運**……不論如何用功，考試成績還是不甚理想，衆裡尋他千百度也無法覓得一位知心的終生伴侶，夫妻雙方都很正常，就是無法懷孕等惡運；除了個人命中注定以外，也有可能是因爲嫉妒或羨慕所造成。

⑬**絕望感**……突然感到強烈的絕望感，或有自戕的意念，即使毫無緣由也會有一股衝動壓迫

著你自殺，或被自我破壞的慾望所襲擊。

⑭周圍發生的事……有時因被害者的能力太強，攻擊的力量會反彈出來，碰到周圍的東西。例如，家人無來由的受傷，或家中所豢養的動物如金魚、小鳥、貓等突然死亡。

諸如此類的症狀都是黑魔法師巧妙進行的結果，不過最重要的是你如何在許多症狀中正確地把它們識別出來。經過深思熟慮，不懷著報復的心而冷靜地定下心來觀察現狀，如此才能下正確的判斷。

有時即使完全沒有嫉妒或仇恨的心，也會出現黑魔法的症狀，那是因爲自己前世使用過黑魔法的卡魯馬，所以今世它又回到自己身上來之故。

魔法是一場能力交戰的比鬥，只要有一點點不淨的想法或心懷慾念的人，就很有可能會受到黑魔法攻擊的影響，可知關鍵仍是存乎我們的心。

與其在現實中做一個毫無招架之力、無知的犧牲者或受害者，不如努力學習對付的防禦法。

＝1.夜間攻擊的防禦法＝

黑魔法師不論在白天或晚上都相當的活躍，任何時刻、任何地點，它都會執拗的攻擊過來。其中我們最容易受到傷害而又在毫無防備狀態下的就屬睡眠時了，因爲半夜十二點鐘過後，黑暗

的力量會特別旺盛；而我們的肉體又正值修養生息中，完全處於被動的狀態。

因此以下1～7所提供的防禦法可以使夜間向我們發出詛咒的力量向外排出，而我們正準備了吸收它的磁性的物質，好整以暇，今朝且看誰勝誰負！

1 以水的大能來洗淨邪惡的力量

睡前放一杯水在枕頭旁。

這個方法相當簡單、但效果顯著，它主要是以水的大能為媒體，變成磁性的力量。

為了實踐這個目的，茶杯應該準備一個全新的，用後也不可再用於其他的用途上。

■作法

①在杯中注滿水，接著吟誦出以下的祈禱：

★生命之水，光之源泉啊／請你在「特多拉・德拉曼」的名義下／在我熟睡的期間／請你將降臨在我四周所有的邪惡都洗淨吧！

②接著以右手的拇指、食指和中指向著水面，無名指和小指向後彎曲收回，在水上劃十字形（圖①）。

然後誦出水的大能（可以一邊唱、一邊劃十字）

★艾克索魯西索　蒂克　克雷阿多拉／阿科亞　摩多西斯　米西斯／格蓓克魯姆　米西米　應烏倍里西斯／艾克斯艾多　夫密達艾多　阿普里西亞／阿門

圖①

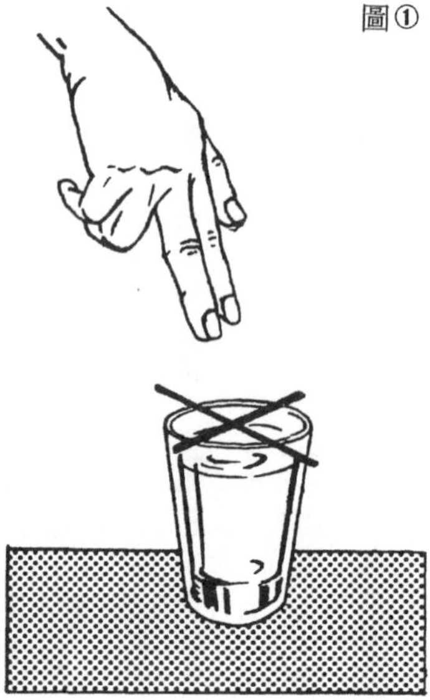

③這個咒文的特別效果是因拉丁語的音響振動所造成的，因此只要照樣發音即可。

④第二天早晨，觀察杯中的水有無任何變化，可以發現水中產生無數的氣泡，由此我們可以確認，水已經吸收了消極的能力，發生某種變化。經過一夜纏鬥的這杯水，要以右手拿著倒進廁所；千萬不可喝下。

②以木炭關閉黑暗的力量

在這裡一定要使用木炭，不可以其他物品代替。木炭事先敲成一小片、一小片，然後每天臨睡前放一片在枕頭旁。木炭可到附近的燃料店買回一小袋，應該足夠使用一年。

■作法

①將木炭置於枕頭旁，誦著如下的祈禱文：

★從伊甸園中智慧之樹轉變而成的木炭啊／請你在基督的名義下／把魔鬼驅逐出去吧／驅逐到一處堅硬、黑暗的世界中／永遠關閉它、阻止它邪惡的力量／請你永遠保護我吧／使我不會受到黑暗的襲擊吧！

②與前面的①相同，以右手的三根手指一邊向木炭劃十字，一邊祈禱。

③第二天早上，用紙將木炭包好，以右手拿出去丟棄。因爲我們的左手表示被動，爲了不讓左手接收了那難得關進黑暗中的力量，因此務必使用右手。

3利用肉桂的精髓

準備一個尚未使用過、底部深一點的小盤，和少許細枝的肉桂（不是粉末），肉桂的精髓可喚起喜悅的感覺，並且有緩和苦惱的作用。

■作法

①先在小盤中裝入少量的水，再把肉桂細枝成十字形的置於其上，然後把它擱在枕頭旁或是牀下。這時的祈禱文應如下吟誦道：

★肉桂的精髓啊！／爲了喚起喜悅的力量才幻化成形的你啊／請你在自然界「廸巴門」的名義下／給我力量，將惡魔趕走吧／我要在你的保護下／將一切對我有害的惡靈通通驅逐／將所有邪惡從我身邊撤走

②這個小盤可使用七天；七天後再行丟棄，另外準備新的水和肉桂，實行同樣的儀式。

4以鹽巴的大能來吸收邪惡的力量

鹽巴具有清淨的作用，爲了不使邪惡的力量進入，我們可把鹽巴放在入口處。這種方法常有人使用，但因鹽巴擁有很強的吸收性質，所以在實行這個儀式前，要先把鹽巴已經吸收了的能力趕走才好。

■作法

①將少許的鹽巴擱在紙或盤子上，然後放在枕頭旁邊或寢室的入口處，再以右手的三根手指指向鹽巴，口中吟誦著如下的咒文：

★依恩伊斯托　沙馬伊托　沙披奄特亞／依多亞姆　歐姆里　克羅托匹／西普維多　曼帝那斯托多斯　克魯普拉／匹魯　凡夫瑪　亞魯　伊多　伊恩／維魯托第　魯爾夫姆　夫瑪耶魯／雷西攘魯　阿姆羅伊斯多　凡達　斯賴達／依來耶呼多　西多　撒魯／克耶魯　依特斯　撒魯／克耶魯　依多　特里斯　撒里斯／烏多　姆多里斯克魯　特里多那斯　依多　阿拉托／斯蓓因　諾斯多拉　克魯倫洼　阿烏里　穆蘭提斯／阿門

②接著面對著鹽巴，一邊以右手的三根手指在盤中劃十字形，一邊誠心誠意的祈禱：

★由於十二種不同成分的力量／我要趕走附在你身的惡魔／希望邪惡不會降臨到我的身上／請你發揮你神奇的力量／趕走所有邪惡的存在／但願一切皆如我許

③隔天早上以右手將鹽巴丟棄。

5 以正義之刀護衛吾身免受敵人的襲擊

準備二把從玩具店買來的假刀，但不是塑膠製品，必須金屬製的。除了短刀外可自由選購。

刀、劍均象徵著戰鬥和意志力；尤其是向上高舉或垂直豎起的劍更是正義的化身。

■作法

圖②

①將兩把劍交叉成十字形，刀柄向著身體的位置（如圖②），置於枕頭旁或房間的入口處；口中吟誦著如下的咒文：

★武士之靈魂的刀刃啊／請你在佛陀的名義下／請護衛我免受敵人的襲擊／但願一切皆能如此

②第二天清晨，將劍（刀）插入劍（刀）鞘中。這把劍（刀）除了作爲防禦外，不可用在他途。

如果沒有準備刀或劍的話，也可以剪刀代替。使用剪刀時要將剪刀打開成十字形，上面再撒一些黑胡椒；黑胡椒加上十字形的剪刀對於夜晚會偷襲我們的惡魔的捕獲，特別具有奇效。

⑥利用火的大能圍成防禦圈

這個方法是爲了阻止邪惡的力量進入。

■作法

①將蠟燭放在寢室內靠東方的位置，然後點燃蠟燭；以右手拿起劍，以劍尖對著火焰，反覆三次吟誦著以下的「火的大能」，先清淨火中之氣。（圖③之ⓐ）

★米迦耶魯（大天使中的一個）！太陽與光芒之王呀／杉馬耶魯！火山之王呀／亞那耶魯！阿斯特那魯光之王子呀／請祢們在火之神的名義下／幫助我吧

圖③ⓐ

ⓑ
ⓒ

②接著向火之精撒拉曼拉說：

★火之精撒拉曼拉呀／請祢不要允許任何會加害我的東西進入這個房間吧／請祢形成火的防禦圈

③然後拿著火紅的劍尖，依照順時鐘方向，朝自己周圍一邊舞動，一邊誦著以下的咒文；同時要想像在房間的四周形成一堵堅不可摧的防禦之牆。（圖③之ⓑ）

★艾里昂　梅里昂

④繞完一圈後，劍尖回到原來火焰的位置，再把這個防禦圈以五芒星來封印；即以劍尖在空中描繪出五芒星的形狀。（如圖③之ⓒ）

同時誦著如下的咒文：

★特多拉　克拉馬頓

⑤防禦圈圍好後，向米迦耶魯、杉馬耶魯、亞那耶魯以及火之精撒拉曼拉表示謝意，然後即可放心的入睡。

7 爲了躲避惡魔搜巡，經常改變牀的位置

在睡覺時總覺得有某種東西在旁邊移動，而且不是善意的存在，或者聽到周圍發出奇怪的聲響，房間內物品的位置被移動，尤其是指防禦用的道具位置的改變，假如有這種情形，那麼可以確定不是幽靈，而是黑魔法師派來加害我們的惡靈。

這時候，如欲蒙蔽它們視覺，最簡單、可行的方法就是改變臥鋪的位置；也可以把棉被移到

房間的另一邊，或改變角度來鋪床即可，如此暫時不會有事。

惡靈若想重新探知你所在的位置，必須花費相當的時間；在這段時間內，你就可以充分的磨練擊退惡靈的技巧，或者再一次更改棉被的位置使它看不到即可。

2.利用儀式和咒文來封鎖對方的攻擊

接下來我來教給你們趕走一切惡魔和惡靈的方法，以及二個可以防止惡魔攻擊的「請願的咒文」。它是可以破解惡魔所依恃的魔法，充滿著偉大能力的咒文。

在這裡，順便介紹各位幾個可在日常生活中實行的「淨化法」。

至於何時各位才能用到這些方法，我當然不敢妄加推測。不過，黑魔法和惡靈這種邪惡的力量，經常都是趁人們大意的時候才加以突襲；因此，與其到時才慌忙的來應付，不如平時就讓身邊淨化。「預防勝於治療」這就是防止被害的金科玉律。

1 以請願的咒文來驅除惡靈

喚起自然界四大要素「火、水、土、空氣」的力量，讓它發揮神奇效用的「**四的咒文**」，是以拉丁語構成的，因此必須按照拉丁語來發音才行。

■作法

①如果是為了防禦夜間的攻擊，可在就寢前點燃蠟燭，準備一個裝滿水的茶杯，利用前面說過的「火的大能」和「水的大能」來請願。

②接著以右手持刀，平舉至比視線稍高的地方，由左至右一邊用力的劃動、一邊誦著「**四的咒文**」。

③咒文誦至「順著這個聖水消失吧！」的部分時，須以刀尖沾水，向著地面劃十字形。

④然後，當又誦至「如果你不希望被這把刀刺到的話，就趕快離開！回到土中去！」部分時，也同樣的須以刀尖向著地面劃成十字形。

⑤還有，在「請你在我吹出的一口氣中消失吧！」時，須一邊吹氣，一邊在空中吹成十字形。

⑥揮動刀子時，就好像要趕走成群的蝙蝠和惡魔一般，強烈地想像刀身發出光輝的模樣。

以同樣的方法也可以趕走惡魔。只是這時候要把刀尖指向糾纏在四周的物體，意圖切入這個肉眼無法看到的惡魔的身軀一般，以刀劃成十字。（圖④）

接下來說到「**七的咒文**」，它可以喚起七個天體的偉大力量，也是趕走惡魔一項強有力的武器。

「**七的咒文**」和「**四的咒文**」並無二致，都是按照順時鐘的方向，一邊繞動、一邊誦著咒文。如果能把這二種咒文配合在一起當做一個儀式來進行的話，即可得相輔相成之功、事半功倍之效。

圖④

如果糾纏的惡魔很不容易驅除掉，或黑魔法攻擊的力量特別強烈時，可在「四的咒文」和「七的咒文」之外，再加上「所羅門的祈念咒文」。

這些咒文中的每一句話都具有特別的意義和力量，任何惡魔都無法抵擋它的威力。它的發音所引起的振動具有從三次元躍升至四次元的偉大的橋樑式的作用。

所有的咒文都吟誦完畢後，再向衆神請願，請求那些被惡魔所糾纏不休的人都能獲得解放。這時使用的文句可以自由發揮，但一定要選擇以下的一個作爲目標：

★在基督的名義下

★在特多拉‧克拉馬頓的名義下

★在父與子與聖靈的名義下

也務必加上這句話：

★利用聖法

也就是說，這並非單憑我們的意志和能力所能辦到的，而是經由衆神的聖法所允許的結果。我們可以因爲這句話而免於受到卡路瑪重大錯誤的責任。

●四的咒文、七的咒文以及所羅門的祈念咒文

★四的咒文

卡布多　莫魯多　伊匹里托特米　曼密魯斯　米魯　西烏魯　依多　特姆頓／歐魯漏特魯　捷魯茲　伊恩匹多　特比魯　羅西米斯／匹魯　亞加姆　夫加巴　阿卡加　伊浪斯　伊姆里特羅西米斯／匹魯　亞拉斯　都烏里姆　匡魯遍斯　伊匹多　特比魯　羅西米斯／特多拉　克拉馬頓　匹魯　安捷魯　伊多姆！／米迦耶魯　拉呼耶魯　亞那耶魯！／夫魯亞特　烏魯匹魯　耶魯西姆　馬耶亞多　特拉　匹魯　阿拉姆／依歐捷巴　菲亞拉　菲魯姆曼多　依斯夫米亞　歇馬多　菲亞多／勒之歇姆　曼魯伊魯　維魯特　米加伊魯／失去雙眼的天使們，請立刻隨著這杯聖水消失！／長著羽毛的公牛啊！如果你不希望被這把劍刺到的話，就快快躲開，回到土中去吧！／被鐵鍊鎖住的大鷹啊！請你隨著這個印記，在我的一吹氣中消失吧！／善變的蛇啊！如果你已經爬到我的足邊／那麼你會爲這個聖火的光而感到苦悶／同時也會隨著我點燃的香的縷縷輕煙慢慢蒸發掉！／讓水歸於水，火歸於灰燼，空氣自由的流動／由於黎明前滿空星光的照耀閃動／同時在星光形成的十字架中央的特多拉·克拉馬頓之名義下／塵歸於塵、土歸於土／阿門　阿門　阿門

★七的咒文

在米迦耶魯的名義下，耶和華命令你即刻遠離，洽荷頓！／在卡布里耶魯的名義之下，亞魯奈命令你即刻遠離，米里亞魯！／在拉化耶魯的名義之下，希望你趕快從耶魯晉姆的面前消失，沙迦米魯！／在杉馬耶魯、西保特、同時也在耶魯西姆的名義之下，快快離開，阿魯那米魯！／沙迦里耶魯和沙捷魯耶魯在耶魯勒的面前，沙馬卡布里耶魯！／由於在沙萊頓神聖的名義之下，以及我右手曼達布耶魯的標誌／在天使亞那耶魯的名義之下以及夫迦耶魯的亞當和夏娃的力量下／趕快離開吧／請你絕對不可向我下詛咒！／在神聖的耶魯西姆、卡西耶魯、西拉魯茲耶魯以及沙拉耶魯等衆神的名義下／我命令你快快離開！／我們不願犧牲我們心愛的孩子來給你當祭祀品／阿門　阿門　阿門

★所羅門的祈念咒文

王國的權威，希望你來到我左脚和右手下的位置！／光榮和永恒，請你碰我的肩膀，領導我走向勝利之路！／慈悲和正義，請成爲我人生的平衡和榮耀！／知性和智慧的王呀！請你爲我加冠！／瑪路庫特的靈魂啊！請你引導我走到支撐著寺院的二根柱子中間！／乃卓和福勒的天使們，請你讓我昂然立於伊耶博國的方台之上！／噢，耶魯迦勒！　噢，耶布迦勒！噢，提菲勒托！　米那勒／請你變成我的光！儒耶夫、夫布馬勒，請你成爲我的愛！／請你顯現你的御姿，同時也讓我成爲如你一般的姿容！　噢，該底里耶魯！／請你在伊若姆・謝賴特的名義下，幫助我！／請

你在該魯米姆、亞那華的名義下，成爲我的力量／普里伊魯勒，請你在聖之子的名義下，由於沙馬也特的仁慈，成爲我的兄弟吧！／請你在耶魯伊姆，特多拉魯勒頓的名義下，代我去應戰吧！／請你在馬杉伊姆，尤昔保的名義下，保護我／請你在西拉菲姆、耶魯阿米的名義下，來洗淨我的愛！／請你以阿蘇馬里姆、耶魯迦荷、以及西耶米那的光彩來使我煥發光輝／亞拉里姆，請你活動起來吧，奧伐里姆，請你旋轉開來吧，請你們發出璀燦的光輝吧！／哈伐頓、卡魯修瑪，請你們盡情咆哮、暢快的大笑吧！／卡魯修耶、卡魯修耶、卡魯修耶、謝萊·阿魯索、伊托哈耶、耶西斯、哈利路亞、哈利路亞、哈利路亞、阿門、阿歐姆

②利用每天不同的咒文來呼喚大天使的協助

在一個星期中，每天都有不同的咒文，這跟每天的天體有密切的關係。每一個天體的「知性」（也稱爲大天使）如何來幫助我們呢？以下就以星期二爲例簡單的介紹如下：

■作法

①首先，在儀式開始進行之前，要吟誦出以下的話作爲對「**萬物的祈禱**」（這也可以與前面介紹的咒文配合使用，如此儀式的效果會更完全，在進行的過程中，如有靈感出現，也可以隨時增加，吟誦出來）。

★但願萬物都能得福
　但願萬物都能幸運

但願萬物都能和平（以上各重複誦三次）

★ㄚˋ——ㄡ——ㄇㄨˋ（反覆三次）

②以此祈禱文營造出內心的平靜和外界氣氛的肅穆詳和。待連接人間和高次元的線路打通之後，再把預先準備好的蠟燭（已點燃）和茶杯（已裝水）拿出來，如下唱道請願辭：

★「火的大能呀！」

★「水的大能呀！」

③接著兩手按住心臟，集中意識，吟誦下面的咒文：

★我神聖的父啊／歐里姆斯　伊拉姆　印帝姆／請允許我呼喚火星（相當於每一天的天體）中的大天使。

④然後接著吟誦星期二的**祈念咒文**。

⑤呼喚大天使的祈念咒文吟誦完畢後，最後才唱著如下的咒文（咒文頭一句的呼喚辭每天有所改變，本例是以火星為例，只適用於此星）。

★杉馬耶魯／以及杉馬耶魯軍團的天使合唱隊啊／請祢們保護免受黑魔法的攻擊／請祢們保護我從敵人的符咒中安全脫險／請祢們憐惜我、幫助我／利用神聖的法／同時在基督的名義下／以基督慈祥的愛和懾人的威嚴來幫助我／逐退所有的邪靈／但願一切如此／阿門

⑥吟誦完畢後，才向著大天使和天使合唱隊們奉上感謝之意，然後整個儀式即告結束。只要

你的言語誠懇、信念堅貞，你的想像強烈、眞實，你的意志集中、貫注的來實踐的話，你就可以看到爲了達成這個請願而來的大天使以及隨著而來的其他天使的姿態。

●各日不同的祈念咒文

我們一般所慣用的一個星期七天與秘教上的日期恰好有一天的差距；以下介紹的各天的咒文是以星期日開始的順序排出（括弧裏的日期，即我們日常生活中所使用的），也就是說，我們的星期一時，則要唱著秘教上星期三的祈念咒文。

★星期一〈星期日〉 爲了擁有無可比擬的謙虛和偉大的愛，在可怕的特多拉・魯拉曼頓的名義下／爲呼喚他們的來到而祈念／在亞魯那依的名義下，呼喚阿魯那依、也依耶、也依耶、也依耶、卡魯斯、卡魯斯、卡魯斯、亞奇姆、亞奇姆、亞奇姆、拉、拉、拉／強大的拉呀！當祢高高的盤據在靈魂之山時，請祢不停的發出榮耀之光來／我衷心的懇求祢，請祢以一向的慈悲來幫助我，請祢憐惜我，賜給我恩，對無半點價值的我伸出援手吧／亞魯那依、沙馬烏頓，烏魯太、呀、呀、呀、亞馬烏頓、泰亞／永遠的存在和一切存在的創造主呀／請祢們在烏魯發米勒最高的指揮和統治第一軍團的耶魯西姆的名義下／同時利用月光的一萬三千道光線和卡魯依耶魯的神能，請立刻來解救我，我要向祢懇求／請祢現在立刻來幫助我／我默認我已經陷入泥淖中無法自拔，如一隻可憐的蚯蚓般，阿門

★星期三〈星期一〉 神聖的耶魯希姆呀！我要向祢懇求，在神聖又可怕的特多拉・魯拉馬頓的

名義下／又在亞魯奈特至高無上、言語無法名之的名義下，耶魯依姆、謝太、謝太、謝太，也依耶、也依耶、也依耶，亞杉米耶、亞杉米耶、亞杉米耶／水星之火呀！請祢在拉發米耶魯的指揮下和太陽系中第二天使的名義下／又如識別了阿特隆額上神聖的記號一般／快來解救我吧！請幫助我，請祢容許我的請願實現！阿門

★星期五＜星期二＞　我至爲謙卑的向祢請求，神聖的耶魯希姆，翁，嗨呀！依呀、依耶、阿魯那、也萊多、在祢們神聖的名義下，請答應實現我的願望／在特多拉·魯拉馬頓的名義下，幫助我吧／利用黎明的星辰、金星的權威、烏里耶魯所指揮的第三軍團天使們神聖的力量／亞那耶魯，請祢來到我這裡，請祢來到我這裡／我承認我的不完全，我崇拜祢，祈求祢，阿門

★星期日＜星期三＞　我是不幸的、注定滅絕的生命的存在，我自覺自己的無助，也自覺自己的悲慘，因此膽敢向著火之獅的神聖的米迦耶魯祈禱、呼喚／利用特多拉·魯拉馬頓的聖名，現在我來呼喚太陽的第四軍團／米迦耶魯，我等待著祢的憐惜／歐姆、太托、沙多、傍、當、帕斯，阿門

★星期二＜星期四＞　我承認我卑微的存在／事實上我是罪惡深重的人，我要透過曼托拉爲呼喚力的天使而祈禱／呀、呀、呀，嗨、嗨、嗨，帕、西、哈、帕、帕、帕、恩、恩、恩，亞伊也、亞伊也、亞伊也，耶魯、耶魯西姆、耶魯西姆、耶姆西姆，特多拉魯拉馬頓／在耶魯西姆、那玻魯的名義下，我要祈禱、呼喚／希望火星之主杉馬耶魯答應我的懇求／在我尊敬的天使西摩伊的

名義下，但願火星的第五軍團能夠幫助我，阿門

★**星期四＜星期五＞**　毫無自尊的生活，我自覺自己的無助，也承認自己毫無價值，只有我衷心敬奉的神才有智慧、力量和愛／在神聖的名義下，我要懇求用言語無法表達的特帕門呀！卡魯斯、卡魯斯、卡魯斯，也西耶勒、也西耶勒、也西耶勒、哈帝姆、哈帝姆、哈帝姆呀／認清世紀者、在堪地內、幾伊姆、幾伊庫、阿伊也、開帕魯、沙帕烏頓、幾地外、阿魯姆、耶魯伊姆、荷特多拉、烏魯馬頓的名義下／利用統治木星神聖的沙迦里耶魯的宗旨和第六軍團的天使們，答應我的請求吧／我要向無法以語言表達其神能的存在請願／請祢幫助我完成這個目標，在可怕的特多拉・烏魯馬頓的名義下，我來請願，請祢們幫助我吧！阿門

★**星期六＜星期六＞**　我承認淒慘的自己的無助，也承認內心的悲哀，在祢面前我是全然謙卑的／祈求卡西耶魯、馬迦托里、沙拉克伊魯答應我的請願／在神聖又可怕的特多拉・烏魯馬頓的名義下，我要祈求／請祢來到我這裡、聽聽我懇切的哀鳴，阿魯奈、阿魯奈、阿魯奈，耶伊也、耶伊也、耶伊也，阿西姆、阿西姆、阿西姆，卡魯斯、卡魯斯、卡魯斯，伊瑪、伊瑪、伊瑪，謝太、伊唷、沙魯／在土星之主奧里菲耶魯以及言語無法表達的第七軍團之長的名義下／請祢們來到我這裡，在奧里菲耶魯和充滿力量的耶魯依姆，以及卡西耶魯的名義下／靠著天使帕依魯的榮光，我要呼喚祢們，請求祢們的解救／利用土星的天體與其神聖的標誌，阿門

③簡單易記的緊急咒文

以下我就來介紹幾種遭到惡魔攻擊時的緊急、簡易的咒文。即使在夢中黑魔法來糾纏時，也可使用這種不須背誦冗長文句的咒文。

毫無理由的感到絕望、或心臟不規則的悸動、速度加快，以及對周圍某種肉眼無法看到的存在感到恐懼時，可以力量和信念來發音：

★在基督的名義下／趕快離開這裡／在基督的名義下／我要趕走惡魔／在基督的名義下／速速遠離

這時如果能手持十字架來唱，會更具效果。

還有一個是以想像著黃金般閃耀光輝的五芒星而形成四次元五芒星的咒文：

★克里姆　克里修那亞　克林達亞　巫米哈瑪　瑪亞　瑪亞　速瓦茲

第三個強有力的咒文如下，必須反覆三次：

★衆神之父呀！請在丘比特（古羅馬主神）的名義下／我要趕走所有入侵的惡魔／特米渥斯／克西林姆

此外，附加在宗教中的祈禱文，如佛教的「般若心經」和基督教的「主的祈禱」等，也是非常有效的。因爲它們都是歷經好幾個世紀，藉著無數靈魂的力量神聖化的；因此在自覺身處危險的境地時，或須要幫助時，隨時都可擷取其中的精華，加以活用。

接著介紹的咒文雖然不長，但却擁有莫大的力量，須反覆吟誦三次：

★太陽擁有一萬三千道光線／月亮也擁有一萬三千道光線／我的敵人啊！你會後悔一萬三千次

4 防止精神污染的琉黃

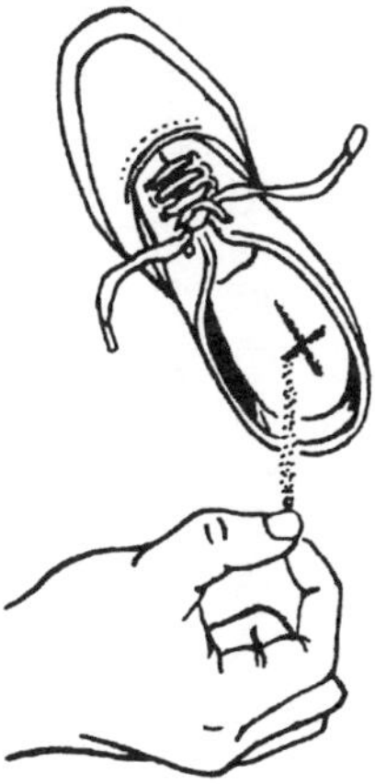

圖⑤

硫黃在魔術界中一向被公認具有洗淨靈體、防止精神受到污染的偉大效用。

將硫黃的粉末作爲香灰來焚燒（雖然味道不太好），可以清淨房屋的內部。搬家後或在家中發生爭吵時，也可以拿來焚燻，所有邪惡將被它的神能洗淨。

此外，將硫黃的粉末成十字形的直接撒在鞋內（如圖⑤），然後穿上它們出門，不論你是到墓場、醫院、酒廊、電影院等公共場所，都可以防止精神被污染。

到這裡爲止，我已經提供了不少各式各樣的防禦法，但你不妨將防禦視爲另一個想法「預防」。

也就是說，不要在周遭製造敵人，也不要批評別人的長短；在可能的範圍，儘量不要誘發別人的嫉恨。還有，自己不甚信任的人，不要隨便地把自己的照片或衣服等物品交給他，因爲他們可能會利用那些材料來做成詛咒你的人偶，因此不可不防。

二利用有效避魔的護身符二

最後的一個項目是實行護身符的防禦法。一般我們所說的護符是把某種具有避邪作用的物品帶在身邊，它早已受到大衆普遍的認同和喜愛。不過，以下我要介紹的兩個護符則需靠自己身體力行，然後才能產生避邪的作用；當然其力量要比一般的護符大得多。

護符的圖樣可以影印，或參考本書的形式，自己動手製作。

1五芒星的神聖磁氣化儀式

所謂「避魔的護符」是由力量的滙集所成的肉體上的能力吸收器。它可以抵擋攻擊，而且經常帶在身邊，則如擁有火星護身般頑強、堅不可摧的盾。

總括天地兩個力量的象徵其中之一便是光，也是睿智的象徵✡——所羅門的星星；過去無論在任何時代中，都有魔法師使用過。另一個則是力量的象徵☆——五芒星，全名是平達克拉姆，別稱火焰之星，它不只在魔法界中被廣加利用，目前很多國家也以它作爲防禦的象徵。

五芒星的正式型態如圖⑥所示，其上標示了各種力量的象徵，如欲詳細說明，恐怕會佔用太多的篇幅，因此在這裡我只作一些基本的介紹。

圖⑥

★位於星星上部的兩個眼睛可以看透所有的事物，任何人都不能欺瞞它，它是受到神賜福的慧眼。

★其下的A則表示萬物的開始。

★向左右兩邊張開的脚則是「超人」的兩手，也就是戰鬥與力量的象徵。先端有火星的標誌。

★斜下方的兩隻脚則代表著土星（密教科學和土神）。

★中央部分形成希臘字的最後一個字母的形狀，也是意味著終結。

★其下是秀丘里（羅馬神話中，商業、雄辯的守護神）的拐杖及附著其上的兩條蛇，一邊纏繞，一邊上升（沿著背骨上升的性能力），兩側生有雙翼。

★太陽⦿和月亮☽代表了創造的二元性。

★左腕上的「聖杯」是母親，也就是永遠的女性象徵。123表示三位一體；也就是創造的三個力量，陽子——電子——中子。左腕下則有一七節竹，這個力量的拐杖是脊柱的象徵（支撐人體）。

★正中央的底部有一把代表戰鬥和意志的劍。

★右腕下那條正在咬著尾巴的蛇則是無恨的涵義，被它纏繞在其中的所羅門之星表示睿智和光；就中的十字則是宇宙創造的象徵。右腕上的12是父與母，也就是二元性。

★圍繞在五芒星周圍的TE、TRA、GRAM、MA、TON是神的聖名，以不變的信仰和敬畏的心情來發音這個名字時，據說其力量足以撼動天地。

利用五芒星實行的方法就是神聖的磁氣化儀式，也由此可做成避魔的護符。五芒星可以參考本圖截成大小適中的圖樣即可；其他尚須準備的物品包括以下五種香和香爐一座。

①杜松樹的樹汁②沒藥（樹名）③蘆薈④硫黃⑤樟腦。

■作法

①將前面說明過的「向萬物祈禱」「ㄚ——ㄡ——ㄇㄨˋ」各反覆發音三次。

②接著連續呼喚五位大天使。

★卡姆里耶魯、拉伐耶魯、亞那耶魯、杉馬耶魯、烏里菲耶魯／請在基督的名義下／賦予這個五芒星清淨邪惡的力量吧

③如此誦罷後，再拿起五芒星在方才提過的五種香灰中燻，如同要由它的五個角吹進生命力

圖⑦

一般，將煙對準五個方向燻進。（如圖⑦）

④完成以上步驟後，再實行一次①就可結束。

同時衷心感謝五位大天使的鼎力相助。

如例圖般製成的五芒星可以裝裱成畫，懸掛在壁上；這時，神的一對慧眼一定在上部，絕不可讓位置顛倒，因它可以識別惡魔的存在，吸收黑暗的力量，進而驅逐惡魔遠離我們的身邊。

這個護符可以防止惡魔攻擊、不使幽靈或黑魔術師靠近，在房間的入口處貼著一張神的眼睛向房內、雙腳在房外的五芒星的圖樣，就可以阻止惡魔由此處入內；惡魔經常都是由房門入侵，絕不會從窗口躍進，這是魔法界的法則。

此外，把這個五芒星當作項鍊般掛在胸前，也可以持續24小時的防禦。也不妨掛在鑰匙上、打成七個結的袋子或七種顏子的袋子上。

②火星的護符可以得到戰鬥的力量

圖⑧

火星是代表戰鬥和力量之星。其護符的形狀如圖⑧般，以下我就詳細的說明它所象徵的涵義。

★雙重的圓圈是代表無限和創造。其間正上方的✡——所羅門之星，這是光和睿智的象徵結合在一起的意思。

★其內描繪的五芒星和正中的正義之劍，星的左邊有知性的表徵；右邊有火星的記號；下方則是火星的努恩文字。

這個護符與前面的五芒星護符相同，可以經由實行神聖的磁氣化儀式而加強它的驅魔功效。作法可以依圖⑧的圖形裁成大小適中的圖樣（也可以影印）；此外，還需準備水和火（蠟燭和香），但香一定是植物性的成品才好。

■作法

圖⑨

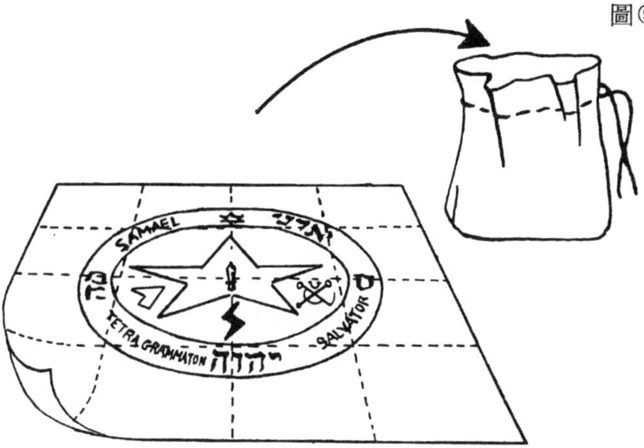

①把前面說明過的「萬物的祈禱」「ㄚ——ㄡ——ㄇㄨˋ」各反覆誦三次，然後實行「火的大能」和「水的大能」。

②完畢後，唱著以下的咒文：

★聖母呀！爲了清淨這個火星的護符／請原諒我來呼喚火星之主／杉馬耶魯、杉馬耶魯、杉馬耶魯／請祢來到這裡／在特多拉・烏魯馬頓的名義下／阿西渥斯、阿西渥斯、阿西渥斯

③接著對護符燻煙，一邊靠近蠟燭的火焰，一邊懇求杉馬耶魯賜予防禦惡魔的力量：

★請祢讓我擁有對抗所有惡魔、惡靈以及敵人的力量／請賦予這個火星護符避魔的力量／並在基督的名義下／依照聖法請願

④儀式結束後，向大天使杉馬耶魯，以及火之精、水之精表達至誠的謝意。反覆唱三次「萬物的祈禱」「ㄚ——ㄡ——ㄇㄨˋ」後，即可終了。

⑤護符摺疊後（如圖⑨），放進火星般紅豔色的袋子裡，隨時配戴在身上可保身體、精神的清淨。

〓最後的勝利終歸於正的一方〓

學習了如此多的防禦法之後，我想你應該有個基本的理解：防禦前的行爲更重要。這就是說，你絕不可向任何人發出詛咒；黑魔法卡路瑪邪惡的力量是出乎我們意料的強大，它會帶給你無窮的痛苦，不止是人間的煎熬，甚至死後也會跌落地獄的深淵，備嚐折磨、沈淪之苦而永不得解脫。

你也不可因爲某人向你發出詛咒就仇恨他、或希望他得到報應。事實上，善惡到頭終有報，至於這個審判的任務不在你、我的手裡，而是存在於聖法的大能中，它會以正義的天平衡量善、惡、邪、正，以大公無私的劍來制裁那些犯罪者。

惡魔法充滿著毀滅性的破壞力，令凡夫俗子懼怕它的淫威；但，白魔法却擁有破解它魔力的神聖的大法。它這股力量偉大的地方在於它不像黑魔法那般來勢洶洶、似乎銳不可當、令人望而生畏。它像一縷和暖的微風，輕輕拂過大地，使經它吹拂過的生物都能陶醉其中；也如一道溫煦的陽光，照射處則冰雪盡融而百花齊開，萬物欣欣向榮。連黑魔法黑暗的力量都得屈服在它光明的絢

爛中、終至冰消瓦解。

因此，面對邪惡的力量時無須顫悚，因爲最後的勝利終究會歸於善的一方的；但願各位能勇敢的對抗到底……。

另篇

利用靈體的冥遊來接受高次元的指導

＝利用超能力的開發而做靈體冥遊＝

性能力昇華秘法擁有使靈體的感覺器官甦醒的作用，這個靈體脫離肉體而至異次元世界漫遊的狀態即稱爲靈體冥遊。當我們的靈體在冥遊時，其所觀、所思、所學均與現實生活截然不同；關於這一點，在《靈體冥遊》這本書中有詳細的記載，各位不妨參考一下。本書只針對其方法，也就是靈體脫離的技巧，簡單介紹幾項。

實行性能力昇華至某種程度時，部分的超能力會陸續開發出來，這時會經常遭遇一些不可思議的怪事；而且這些事不容易以常理來加以推斷，因爲它並不屬於我們的存在空間，而是來自四次元以上的世界之故。

如果你從這時起，開始感覺迷惑、徬徨，或驕矜自大無法自制，因而步入歧途，那眞是太遺憾了。爲了避免發生這種情形，應該如何做呢？我建議你學習靈體冥遊的技巧，藉此接受高次的指導。

我提過好幾次，所謂的「靈體界」就是異次元的世界；也就是人們畏懼的踏進一隻脚，不斷巡視那裡的光景後，依然迷惑、逡徨著不知是否該伸進另一隻脚的世界。

把心裡的迷惑徹底剷除，是你學習使用你自己辛苦開發出來的能力的時候了，同時還要修鍊

到更高次。如果你想有效的控制超能力，那麼就自由自在、毫無牽掛的到靈界中去漫遊吧！

＝利用高次存在的指導以最短距離推進靈的進化＝

靈界中存在著無數以幫助人類爲工作的高次的靈魂，如果你要學習控制超能力的方法，也要追隨這些高次元的靈，由此學得其中的訣竅和技巧。

當你的靈體由肉體脫離，冥遊至高次元時，要強烈的祈禱能夠在那裡碰到「格魯」，這時，通常你就能當眞與高次的靈相會。然後從他學習修行的方法，請祂指導你如何解決所有的疑問，和苦惱的問題。

只要你能習得靈體冥遊的方法，就可以直接接受高次的靈的指導。

當你遭遇到險阻或不順遂的事時，多半會求助於占卜師或請通靈者爲你消災化厄，有時也會請敎宗敎的高僧，那是因爲你認爲這些人可能曾與異次元接觸過，或是擁有預知未來的能力之故。但他們提出來的方法却未必妥當，效果更不待言。造成這個結果的原因是擔任這個工作的人，他們未必眞的受過高次的指導；最糟的是，也許他們是藉著低次的存在的能力來指導這些陷身於苦惱中的人也未可知。

如果你自己能直接和高次元的存在接觸，就不會有這種情形發生（利用碟仙這個遊戲所呼叫

出來的大部分是低次元的靈，千萬不要輕易嘗試）。

靈體的冥遊雖說因人而異，有的快、有的慢，但只要依照練習，努力的實行，無論誰都可以做到的。尤其是利用性能力昇華，使靈體的感覺器官復甦後，就不需花費太多時間，冥遊狀態已是指日可待。

我想利用這個增加的篇目介紹幾種靈體冥遊的技巧，希望各位好好練習，跟隨高次的靈修法，以最短距離、最少時間邁向進化之門。

〓與高次元存在見面的注意事項〓

不過，並不是做到了靈體冥遊後，就可以立刻與高次的存在會面，想要親睹他的姿容，也就是與他有緣，必須先在自己方面具備一些條件：

①全心全意的追求靈的進化（如果是半帶戲謔的輕率態度，終其結果也只是空對著高次的靈而無法感覺其崇高的存在，下焉者更有可能因心存不敬而接觸到低次的靈。如此一來豈非前功盡棄，不可不慎！）。

②努力的堅持下去（光在心中冀望進化，却不付諸行動實踐，是不會有任何成果的）。

③日常生活起居要規律（因過份熱衷於練習而導致生活步調紊亂或脫離現實人生常軌，未免

矯枉過正，本末倒置了。現實世界與異次元世界好比是一體兩面，只有在裡、外均衡諧調的狀態下，才能做到有效的冥遊）。

④同樣的理由，也得注意自己的言語和行動。

⑤要設定一個目標、一個有路可循的崇高理想；爲了到達那個終點（理想實現），先在沿途設立幾個定點，然後陸續的完成。這個目標和理想必須是以對人類的至愛爲出發點才是可貴的，也才有實現的價值。

以上五點表面看起來似乎相當容易，但實際付諸行動却相當困難。因此萬一碰到阻礙時，也不要灰心，重新回到原點，檢討錯誤，再出發！

以下就進入實踐的部分。

＝幽體脫離的方法＝

1 向主拉克修密要求從肉體脫離出來

①頭部朝北或東方，集中意識，全神貫注的誠心向主拉克修密祈禱，請祂引導你的幽體脫離。祈文如下：

★請在基督的名義下

↑將幽體映像化之情景

因著基督的榮光和神聖的力量
我要呼喚祢、要求祢
拉克修密、拉克修密、拉克修密
阿門（以上要反覆誦數次，在心中默誦也無妨）

②結束以上的祈禱後，再把意識集中在肚臍，反覆吟誦以下的咒文。因爲主拉克修密是印度之主，所以此咒文是以梵文寫就，各位只要照其原音吟誦即可：

「哈累　喇嘛　哈累　喇嘛　喇嘛　喇嘛　哈累　哈累。哈累　基度　哈累　基度。基度　基度　哈累　哈累。
哈累　姆拉累　摩洛普　克依普路斯　哈累　克拉布　克敏達　姆克路　松累。
瑪加　姆加累　尤累　克魯帕　帕西　克姆魯多　那乃安　拜矣。
修利　姆印達　修利　姆印達　修利　姆印達　修利　姆印達。　卡納夏　那荷普」

③在吟誦著咒文的同時，隨著時間的流逝，你會覺得略微睏倦，在察覺到這種睡意出現時，必須想像自己如微風和氣體一般，慢慢向四面八方擴散……。

堅信自己已成氣體的狀態，而忘却肉體的重量，並且不受地心引力的影響，可以任意飛到各處去（幽體脫離時實際上也是如此）。

④幽體脫離肉體後，絕不可驚慌恐懼，只要一心一意描繪出高次的存在，一路飛奔向他即可

。異次元世界是時空的隔絕，因此只要以想像就可抵達。

如果只能做到幽體脫離，却不能隨心所欲到任何地方去時，最重要的就是要靠「想像力」和「意志力」來協助。利用前面介紹的練習來加強想像力和意志力，就可以控制在異次元中的行動。如能在平時就多多接觸高境界的音樂、繪畫、文學作品，就更容易做到。

②以ㄈㄚ——ㄌㄚ——ㄨㄥ的咒文來促成幽體脫離

①仰臥，利用向北的姿勢可以更容易吸收地磁力。

②曲膝，以脚形成三角形。閉起眼睛，促進睡意，但不可眞的入睡。為了便於實行這種動作，最好在睡前練習。

③保持同樣的姿勢，吟誦以下的咒文：

「ㄈㄚ——ㄌㄚ——ㄨㄥ」

④再者，曼托拉必須集中、密集的吟誦，否則效果會大打折扣。同時為了預防雜念的趁隙而入，最好把自己身體想像成一座金字塔，如此配合著吟誦曼托拉時，會覺得好像聽到類似噴射機凌空劃過的尖嘯聲、或者身體的某部分發癢或感到難受，這是因為曼托拉的振動所產生的變化，也是幽體即將脫離的前兆，所以千萬不可去動它，因即將脫離的幽體會再回到肉體，一切又得重新開始了。

有時也會有如汽球般愈來愈膨大的感覺，或許什麼感覺都沒有，一下子就發現從肉體脫離出來的

①仰臥
②彎曲膝蓋成三角形
③反覆唱著「ㄈㄚ－ㄌㄚ－ㄨㄥ」的咒文

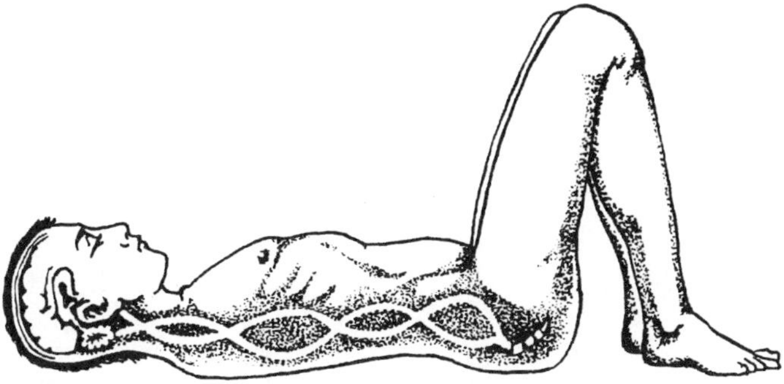

↑馬雅文明流傳下來顯示幽體脫離姿勢的石像。

另一個自己。

⑤為了使幽體順利脫離，在感覺半睡眠狀態時，就得趕緊站起來，眼睛暫且不必張開。這個動作和1相同，是屬於物理上的行動，不必應用想像。為了便於站起，開始時必須曲膝躺下。

⑥接著下牀察看，這時會發現另一個自己已經飛翔在空中或天花板附近，鳥瞰著睡眠中的肉體。

這種脫離狀態是會自然發生的，我們所能做的只是把握應立刻站起來的瞬間，不要錯過這個關鍵性的一刻，否則就功虧一簣了。

3將性能力轉向幽體

幽體的出入口是位於大腦的松果腺，因此它經常都是由頭部出去，再回到這裡。不過整個過程是極速的進行，幾乎不會令本人有任何感覺；待有所感覺時，它早已潛入肉體的深處，或到另一個世界冥遊去了。

松果腺、性能力、性賀爾蒙三者之間有著密切的關連，因此我們可讓性能力沿著身體上升後轉向松果腺（也就是幽體的方向），實行的順序如下：

①、2相同，曲起膝蓋躺在床上，唱著如下咒文：

「ㄌㄚˋ（LA）——ㄌㄚˋ（RA捲舌）」

LA與女性的賀爾蒙、RA與男性的賀爾蒙起共鳴。這二種賀爾蒙男女身上都有，只不過分

感覺半睡眠狀態時，不要張開眼睛，立刻站起來。

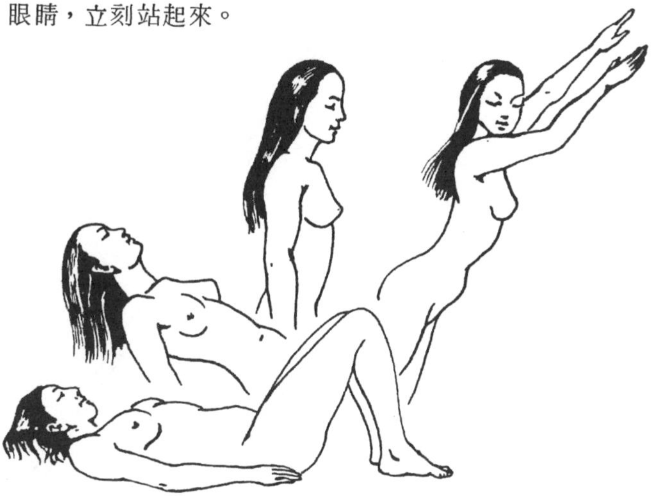

泌量的多、少程度不同罷了，發音時依英語的L與R正確的進行。

②一邊感到睡意時，一邊發音這個咒文；同時想像著性能力沿著脊椎骨上升的狀況，然後依光（雷光）的螺旋形從薦骨上升到松果腺的情景。

③同時，在幾乎要入睡前一刻，與②一般的站起來，這時要利用上升後的性能力，打算要將幽體推出肉體一般，就可順利完成幽體的脫離。

4利用金字塔的力量來獲得智慧

關於集中在金字塔內的能力是衆所皆知的事，科學界也已經證明了它神奇的力量；將生命能力集中在金字塔內，若在靈界的話即是神聖的寺院。因此有些人以金字塔作爲治療或冥想用，這也是實行金字塔法時不可異議的神奇力量。

首先，準備十根長約2～3公尺的細木棒或竹棒，把上端連接起來，下端打開成金字塔的形狀；

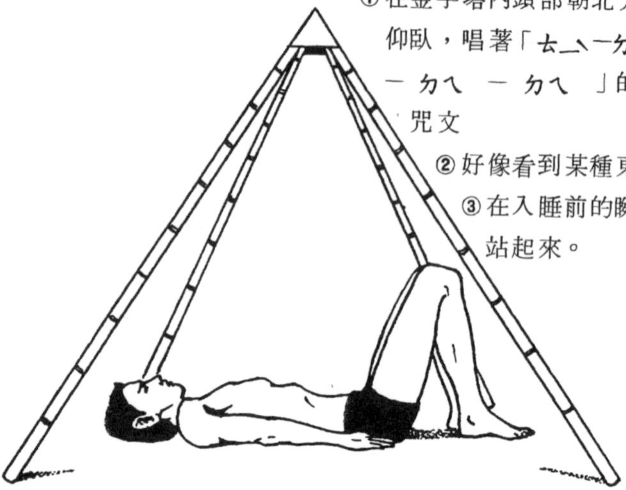
①在金字塔內頭部朝北方
仰臥，唱著「ㄊ一ㄟ一ㄌㄟ
一ㄌㄟ 一ㄌㄟ」的
咒文
②好像看到某種東西
③在入睡前的瞬間
站起來。

這時金字塔的一面須正向北方，製造金字塔時切勿使用鐵釘或金屬類的工具，因爲它們會妨害能力的進入。

做好金字塔後，立刻開始練習。

①進入金字塔中，頭部朝北仰臥，同時反覆吟誦下面的曼托拉：

「ㄊ一ㄟ ㄌㄟ ㄌㄟ ㄌㄟ」

②一邊誦著咒文，一邊促進睡意，如此，可看到各種奇妙的景象。例如：在只用竹棒搭成的金字塔骨架上形成黃金般金碧輝煌的牆壁，或是在壁上發現古埃及的文字。

③接著，在進入睡鄉的瞬間站起，如果進行順利，幽體會脫離。這時你就可以進入金字塔中，向深居其中、精通義理的聖者請求賜予高超的智慧。

若想進入金字塔這般神聖的地方，是有一定規矩的，這個規矩也適用於靈界的任何一座寺院。以下我就來介紹一下。

〈**進入高次元寺院的方法**〉

①以幽體拜訪類似金字塔等神殿或寺院時，首先找出入口處。那裡一般來說都矗立著二根巨大的石柱，每邊各站著一位看守的人，這時你需以下面的方式與他們溝通。

②兩手在胸前交叉，依照慣例，右手在左手之上。然後筆直的站立，脚跟併攏，頸部稍微向右傾斜，說聲：

「楔——管」

接著向左傾斜，同樣說聲：

「玻——阿——斯」

然後豎起右手拇指、食指和中指，其他兩指縮起；放在右肩附近，左手放在太陽神經叢（肚臍）附近，以這個姿勢說聲：

「帕斯・因披累　昔漱魯」

③此時，兩位侍衞就會爲你開門，切記須以右脚先踏入。

〈**呼喚高次主人的咒文**〉

異次元世界是非常遼濶的，如果你想跟高次的靈會面，請求他的指導時，只要唱著以下的咒文即可，不必漫無目標的尋找。切不可帶著開玩笑的口吻，一定要專注、誠懇。

「安地亞　拉姆那　素斯達沙」

這個咒文不只運用在靈界，即使在日常生活中遭到任何危險狀況時也可使用。發自內心的懇切連誦三次咒文，高次元的存在一定會向你伸出援手的。死後在陰界也依然可發揮的效用，應該牢記。

二克服怠惰和恐懼卽是成功的秘訣二

最後，爲各位說明幽體冥遊時應該注意的事項。

以上列舉的四種技巧不需要全部練習，只要挑出適合自己的項目來實行即可。爲了避免千篇一律，墨守成規，有時也可以改變一下練習。

幽體冥遊時最大的敵人就是怠惰和恐懼。

不管學習任何事物，都必須經由不斷的練習才能有所進步，幽體冥遊當然也不例外。如果每晚臨睡前都能實行，即使在睡夢中幽體無法出去冥遊，但夢中的意識有時會突然甦醒，這時除了正在作夢的自己外，還有一個知道這是夢的自己。此時，讓意識清醒的另一個自己高高的跳一跳，如能辦到，就可逕行前往任何地方。

但如果心中被恐懼盤據，脫離前聽到怪異的聲響或知道身體起了變化，因恐懼而不敢脫離逕自行動。這就跟不會游泳的人不敢躍入水中是一樣的道理。但你也必須知道，不到水裡，你就永遠無法學會游泳。這除了靠不斷的練習，別無其他妙方。

有了恐懼感後，緊接而來的就是怠惰的念頭了；怠惰又會助長恐懼，如此惡性循環的結果，你終究還是一事無成。所以無論如何，克服這二個缺點才是幽體冥遊的成功的秘訣。

到達靈界後，最有用途的就是精神感應力、直觀力、想像力、意志力等，我們在過去的練習中所獲得的超能力。活用這些能力，就可以在靈的進化上獲致長足的進步；而這所有能力的根源就是來自性能力的昇華。

後　序

親愛的讀者：

我要在這裡向各位宣布一個本世紀、全世界最重大的消息；那就是被稱為偉大的秘密、長壽的靈藥、把非金屬鍛鍊成黃金的煉金術、以及好幾千年來聖者所共同遵守的奧義中的奧義，也就是「性的秘密」。性之中包含了所有生命的起源，而創造物的原理——聖靈，也寄託在其中，因而成就它無所不包、無堅不摧的強大力量。

這就是性能力昇華秘法的重要性，也代表著你也可以成為創造者，擺脫形軀的桎梏，獲得眞正的自由，成為衆神之光的後繼者。而唯一使我們變成神聖的種子就潛藏在我們性腺之中，這不是一般的理論，也不是欺瞞讀者、浮誇的說辭。閱讀至此的讀者應該會同意的。

也許你已拜讀過卡斯達奈達的新作《內部之焰》（譯名「向意識回歸」），內容是說，每個人都不喜歡看到自己可厭的一面；可是，很不幸地，我們都是擁有好與壞二個極端的人，一旦必須面對自己的缺陷時，大家都會拚命的逃避。

隱含警告性質的本書，其目的就是爲了讓我們都能勇於面對自己的陰暗面，並從中獲得解放；而不是一味的逃避、躲藏，也並非爲了使我們感覺不到外界嚴厲的批評，而在周圍層層加封。最重要的是把性能力引導至既神秘而又充滿力量的方向。

只有我們內在的性能力才擁有可以消滅我們所有缺點的力量，因爲它是我們生命創造的源泉，與授愛和光給我們的聖母（肯拉尼里）也有密切的關連。

祂讓我們心底深處最純粹的愛甦醒過來，不是情慾之愛，而是奉獻、創造等眞正的愛。

生命的破壞者不配擁有眞正的愛，破壞和仇恨是愛的敵對者，它永遠試圖消滅愛的存在。生命、創造、靈感是由愛之樹上結出來的甜美果實；相反的，破壞者總在人間散播著仇恨、嫉妒、猜忌等邪惡的種子。

如此可知，使我們的人生和整個社會的再生成爲可能的關鍵就在此。如果你能定下心來，認眞的閱讀有關《性的秘密》的本書時，第一個獲益的將是你自己。

親愛的讀者，我已經給了大家很多問題的解答；我們也有了一個共識，那即是，所有問題的根源都在性。人類的祖先夏娃和亞當在伊甸園中所犯的原罪（人類犯的第一個罪），就是因爲性

的消耗而致，這一點相信大家都了解。

所有能力的源泉和純粹的物質都存在於性能力中，因此，審視它的使用方法就可決定上升或下降。

要走上生之凱旋或死之淪亡，就端視我們自己的選擇了。

爲了傳達這個重要的訊息——性的秘密的要義，我們才會代代相傳、生生不息；讓這個偉大的能力永遠不在人間消失！

最後，我要感謝各位讀者，因爲有了各位的支持，本書才能順利的出版。本人僅以十二萬分的赤忱再次答謝各位！

米開尼里於墨西哥市

熱門新知

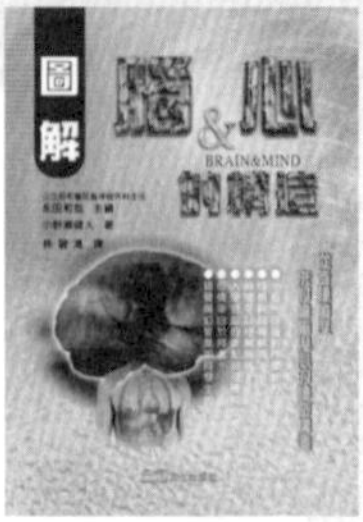

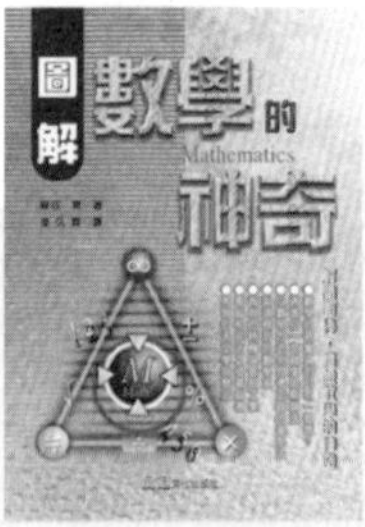

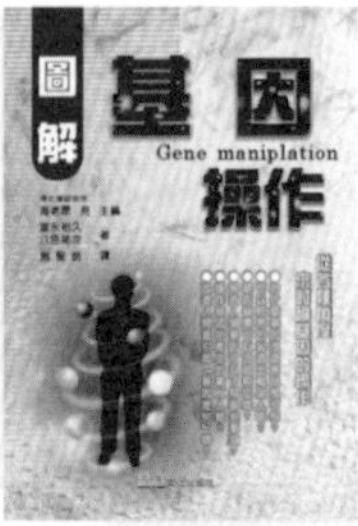

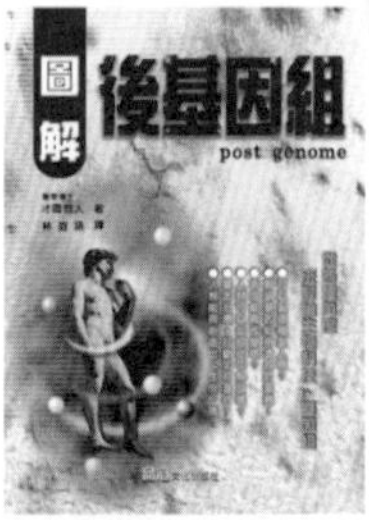

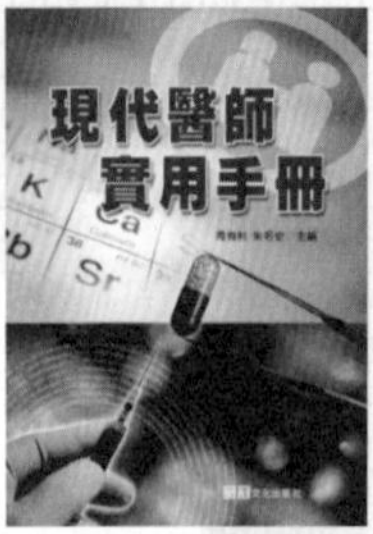

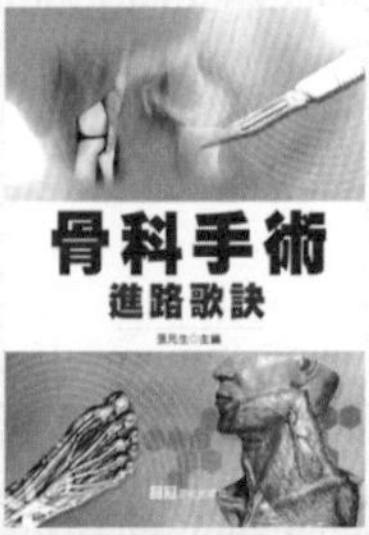

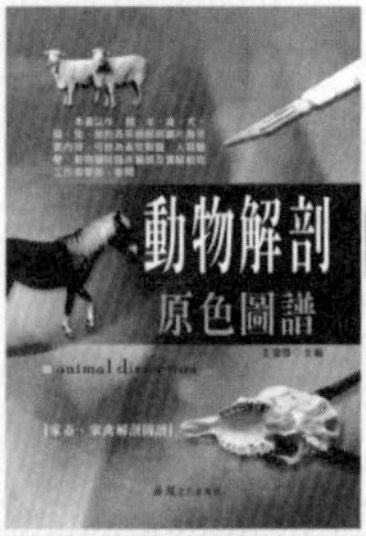

品冠文化出版社

歡迎至本公司購買書籍

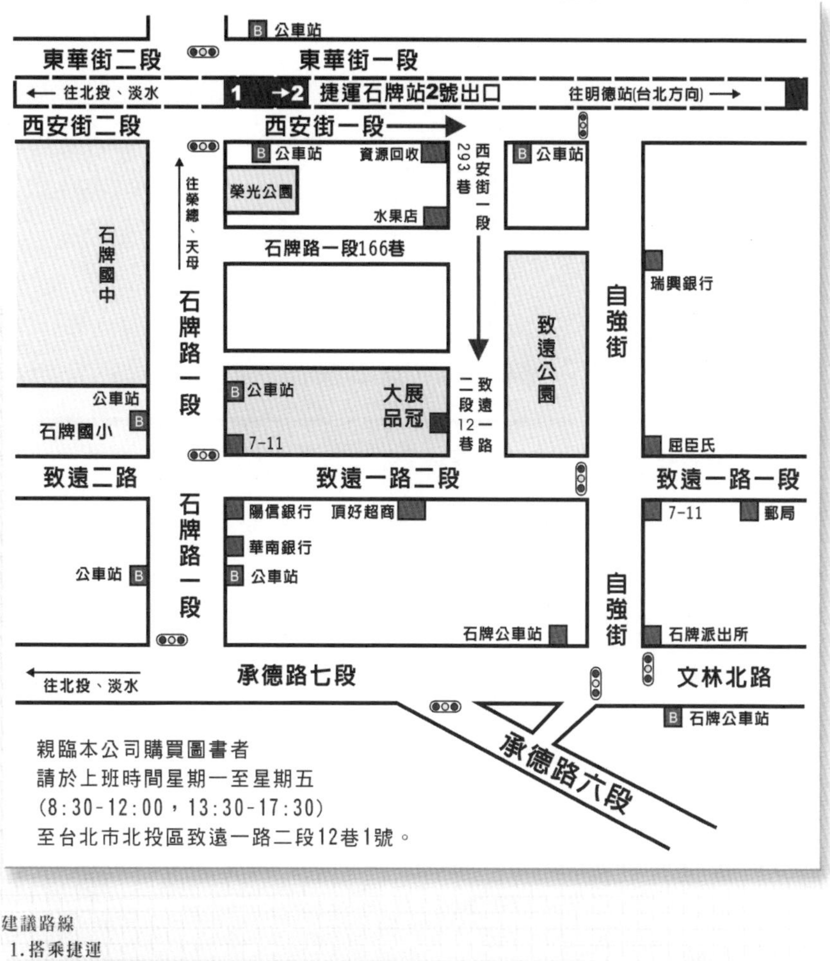

建議路線

1.搭乘捷運

淡水信義線石牌站下車，由月台上二號出口出站，二號出口出站後靠右邊，沿著捷運高架往台北方向走(往明德站方向)，其街名為西安街，約80公尺後至西安街一段293巷進入(巷口有一公車站牌，站名為自強街口，勿超過紅綠燈)，再步行約200公尺可達本公司，本公司面對致遠公園。

2.自行開車或騎車

由承德路接石牌路，看到陽信銀行右轉，此條即為致遠一路二段，在遇到自強街(紅綠燈)前的巷子左轉，即可看到本公司招牌。

國家圖書館出版品預行編目資料

性能力活用秘法 / 米開・尼里　著；鐘文訓　編譯
- 二版 - 臺北市，品冠文化，2019（民108）
面；21 公分 -（壽世養生；32）
ISBN 978-986-5734-98-5（平裝）
1.性學　2.性知識
544.7　　108000595

【版權所有・翻印必究】

性能力活用秘法

原 著 者／米開・尼里
翻 譯 者／鐘　文　訓
發 行 人／蔡　孟　甫
出 版 者／品冠文化出版社
社　　址／台北市北投區（石牌）致遠一路 2 段 12 巷 1 號
電　　話／(02) 28236031・28236033・28233123
傳　　真／(02) 28272069
郵政劃撥／19346241
網　　址／www.dah-jaan.com.tw
E-mail／service@dah-jaan.com.tw
登 記 證／北市建一字第 227242
承 印 者／傳興印刷有限公司
裝　　訂／佳昇興業有限公司
排 版 者／千兵企業有限公司
二版1刷／2019 年（民 108） 2 月
二版2刷／2020 年（民 109） 3 月　　定　價／250 元

●本書若有破損、缺頁請寄回本社更換●

大展好書　好書大展
品嘗好書　冠群可期

大展好書　好書大展
品嘗好書　冠群可期